ちくま新書

これなら書ける！大人の文章講座

上阪 徹
Uesaka Toru

1390

これなら書ける！　大人の文章講座【目次】

はじめに　「文章とは何か」という本質に気づければ

「文章をどう書けばいいのか、教えてほしい」

三〇年近く、文章を書く仕事をしているからでしょうか、こんなふうに聞かれることがときどきあります。

書くことへの関心は、とりわけ中高年の大人の間で、大いに高まっているようです。私自身、文章塾を開いたりすることもありますが、書くプロでない中高年の方がおいでになることも少なくありません。

聞けば、小説講座やシナリオ講座なども、中高年で盛況だそうです。ご存じの方も多いかもしれませんが、そうした小説講座から芥川賞作家が出てきたりもしています。素晴らしいことだと思います。

私自身は、主にビジネスの領域で仕事をしてきました。いろいろな人にインタビューをして雑誌やウェブサイトに記事を書いたり、企業やビジネスを取材して書籍にまとめたり。幅広い年代の人たちに、さまざまな情報を、わかりやすく書くことによって提供する。それが自分の仕事だと認識しています。

そんな立場から、「大人のために」文章をどう書けばいいのか書き記してみたい、ということで生まれたのが本書です。

今や、文章の書き方について指南した本も、たくさん世の中に出てきています。文章セミナーのようなものもたくさんあるようです。ただ、私が持っている文章へのアプローチは、他とずいぶん違っていると思います。

私自身が強く認識していることがあります。それは、**文章を書く上で大事なことは、文法やルール、文章のセオリーを覚えることではない**、ということです。

実のところ、私自身がそうしたものにはまったく関心がありません。文章を書く際にも意識していませんし、そんなものを覚えても応用が利かないと感じています。

それよりも大事なことは、書く上でのマインド＝心構えを変えていくことです。多くの人が、実は文章に関して間違った認識を持っているのです。それこそ、おかしな呪縛のようなものにさいなまれている。それを解き放つだけでも、文章を書くことに対する気持ちは大きく変わっていきます。

もうひとつ大事なことは、「文章とは何か」という本質に気づくことです。いったい何

のために文章は存在するのか。そもそも文章とは何か。文章は何からできているのか。実は、こうした本質に多くの人が気づいていないのです。

実際、その認識を変えるだけで、文章は書けるようになると私は思っています。なぜなら、私自身がそうだったからです。

書く仕事をしている私ですが、実は書くことが好きだったわけでも、得意だったわけでもありませんでした。むしろ、書くことは苦手で嫌いでした。それが今、書く仕事を長くやってきただけでなく、こうして文章を書くための本まで書き記すに至っているのですから、人生は不思議です。

文章嫌いだった私を変えたのが、実はこの二つの「大事なこと」への気づきでした。多くの人が、この気づきを得るだけで、文章を書くことへのイメージが大きく変わっていくと私は確信しています。

そして今、文章を書くことができることは、大きな意味を持つようになっています。かつては、原稿を世の中の人に見てもらうことは、特別なことでした。メディアに文章が掲載されたりするのは、特定のプロなどに限られていたからです。

ところが今は、インターネット時代です。誰でも自分を、文章によって発信することができます。書く力があれば、かつてないほどいろいろなチャンスが手に入る時代です。

しかし、だからこそ気を付けなければいけないこともあります。そのあたりも含めて、「大人の文章講座」として書き記しました。各章毎にポイントのまとめがあり、合計で33のポイントに気をつけていただければ、「人に読んでもらえる」文章が誰でも書けるという構成になっています。

ひとつのゴールは、「自分史」を書くことに据えています。「なんだ、自分史なんて」と思われたかもしれませんが、実はこの「自分史」のイメージも、本書を読み終わる頃には大きく変わっていると思います。きっと、「それなら書いてみたい」と思われるはずです。それをブログに掲載していく、という道もあるかもしれません。

文章というもののイメージが変わる。スラスラ書けるようになる。楽しみに、読み進めていただければと思います。

第一章

まずは、文章に対する「誤解」を認識する

――「読んでもらえる文章」を書くために

†書くことは、なんとも楽しく、うれしいもの

「感動しました」「面白かった」「驚きました」……。

雑誌やウェブサイトに自分の書いた記事が掲載されると、たくさんの反響、反応があります。著書を出した時も同様です。中には、「人生が変わりました」と書かれたお手紙を編集部宛にくださった方もいらっしゃいます。そういうときには改めて、この仕事をしていて良かった。誰かの役に立てて良かった、と感じます。

文章を書く仕事をして、もう三〇年近くになります。いろいろなメディアに取材記事などを書くことも多いですし、自分の書籍もすでに三〇冊以上出しています。

加えて、私にとって極めて重要な仕事になっているのが、「ブックライティング」という仕事です。

例えば、経営者やスポーツ選手、コンサルタントや評論家、俳優……。彼らの本が書店にたくさん並んでいますが、こんなふうにお感じになった方も少なくないのではないでしょうか。

「あんなに忙しい合間をぬって、一冊の本を書いてしまうなんて、すごいな」

たしかに、ご自身で忙しい合間をぬって一冊の本をお書きになる方もおられますが、とりわけビジネス書や実用書では、多くの場合、ご自身ではお書きにはなっていません。ご想像いただけると思いますが、一冊の本を書き上げるというのは、それなりの時間とパワーを要します。別に本業をお持ちの超多忙な方々には、とても大きな負担になります。

ですから、よほど文章が得意で好きな方でもない限り、ご自身で書かれることのほうが珍しい、というのが事実なのです。

では、どうするのかというと、取材してご本人の話をじっくり聞いて、それをもとに本に書き上げる仕事をする人がいるのです。

その一人がまさに私です。かつては「聞き書き」などとも呼ばれていたのですが、この職業を私は「ブックライター」と命名し、自身もその肩書きを名乗っています。私は経営やビジネス領域を得意としていますので、経営者などの書籍を中心に八〇冊以上の書籍の制作実績があります。

私自身が書いた記事や本についてももちろん反響があるわけですが、こうしてブックライターとしてお手伝いする本にも、大きな反響があります。

飛ぶ鳥を落とす勢いがあったベンチャー経営者の本がありました。厳しい苦境に立ち向かって大きな変革を成し遂げた大企業経営者の本がありました。外資系トップとして、グローバルなビジネス社会で生き抜いてきた経営者がいました。

世界大会でメダルを獲得したアスリート、初めて公立中学の校長になったビジネスマン、東日本大震災で亡くなった方のお世話をした復元納棺士……。

一〇時間以上の長時間の取材をして、書籍として書き上げていきます。ありがたいことに、たくさんのすばらしい方々の本を手がけてきましたが、喜んでいただけることが少なくありません。「自分の話がこんなふうに文章になるのか」、「取材で話をしただけで一冊の本になるのか」、と驚かれるケースもあります。

そして、旬の方々の話を書籍として読み、喜んでくださる読者の方がおられます。「役に立った」「勉強になった」「元気が出た」……。中には三〇万部を超えるベストセラーになった書籍もあります。

こうした、たくさんの読者からの反響こそが、ブックライターとしての私の大きなモチベーションになります。書く仕事をしてきて良かった、と改めて思う瞬間でもあります。

「これを多くの人に伝えたい」と自分が思ったことを文章にしていく。それが多くの人に喜ばれる。これこそまさに、文章を書く醍醐味だと思っています。もっともっと多くの方に、この醍醐味を味わってもらえたらなあ、と私はよく思います（なので、ブックライティングを指導する塾も開いています）。

そして、こうしたことが、かつて以上に簡単にできる世の中に今はすでになっています。以前は、メディアや書籍などに文章を書き、世の中に自分の思いを伝えることができたのは、一部の書く世界のプロの人たちだけでした。

ところが今は、インターネットの世の中です。誰でも簡単に文章を使って世の中に発信していくことができるのです。これは第五章で詳しく書きますが、フェイスブックなどのソーシャルネットワーキングサービス（SNS）やブログなどでそれができる。

多くの人が、誰でも文章を書く楽しさ、反応や反響をもらえるうれしさを経験することができる時代なのです。

†もともと文章嫌いだったのに、なぜ職業に

一方で、こんな声がとりわけ中高年の方からはよく聞こえてきます。

「昔から、文章を書くことはあまり得意ではない」

「やってみたいが、おっくうだ」

「仕事で書いていた文章を、そのまま書けばいいのではないのか」

「SNSをやってみたが、どうにも手応えがなかった」

文章を書くことに苦手意識がある。嫌いではないが、自信がない。書くことは好きだが、今のままでいいのか、よくわからない……。そういう人は実は少なくありません。

こうした発想に陥ってしまうのには、大きな原因があると思っています。それは、「ある呪縛」にさいなまれているのです。実は私自身もその呪縛にさいなまれていました。

文章を書く仕事を三〇年近くしているからでしょうか、よくこんなことを言われることがあります。

「書くのがお好きなんですね」

「もともと文章が得意だったのですね」

「好きなことを仕事にできて、いいですね」

しかし、実はこれがまったく違っているのです。**私はもともと文章を書くのが、大嫌いでした。もっというと、読書も嫌い。大学に入るまで、ほとんど本を読んだ記憶がありません。**

そんなわけで、最も嫌いだったのは読書感想文です。読むのも書くのも嫌いだった私にとって、これは最悪の宿題でした。

大学に入ってから、偶然のきっかけから小説だけは読むようになったのですが、作文嫌いは相変わらず。おかげで、レポートは懸命に資料を書き写しているような有様でした。論文も大嫌い。ちなみに大学でも、卒論は必修ではなかったために書いていません。

では、そんな私がどうして、大嫌いな「文章を書く」仕事に就くことになったのか。

書くキャリアのスタートは、コピーライターでした。私が就職した八〇年代は、広告業界が華やかな時代。いろんな理由から広告の世界に興味を持ち、最後は俳優の佐藤浩市さんが初主演した映画『CF愚連隊』への憧れが決め手になって、広告を作る仕事に就きたいと強く考えたのでした（余談ですが、後に佐藤浩市さんに取材したときに、この話をしたのを覚えています。とても驚かれていました）。

結果的に大手広告代理店への就職はかなわず、一度就職したメーカーから広告制作会社に転職をしました。私が作りたかったのは広告で、文章ではありませんでした。コピーライターは、文章を作るのではなく言葉を見つける仕事だと思っていたのです。

ところが、私が入社した広告制作会社では、メインの事業がリクルーティング、人材採用の広告でした。かっこいい写真に、かっこいいキャッチコピーが載ったポスター、なんてものを作る仕事ではない。軽い気持ちで商品を買ってもらうような広告ではなく、一生を左右する就職関連の広告を作る必要があったのです。

最初は、一冊まるごとの求人雑誌に掲載される、小さなスペースの広告を作るところから始まりましたが、やがて扱う広告スペースが大きくなっていきました。採用広告ですから、スペースが大きくなったぶん、会社を探している読者はそれなりの情報量を期待します。長い文章をしっかり書いていかなければいけなくなるということです。

そんなわけで、私自身は当初から仕事に苦戦しました。わずかな文字数の文章を書くのも大変でした。そもそも文章を書くのが嫌いなのです。しかも、文法やらセオリーやら、ルールも知らない。興味もないし、学ぶ気もない。小さな広告に悪戦苦闘する日々が続きました。

今も覚えていますが、駆け出しのコピーライターの頃は、三〇〇文字（この本では七行ほどです）を書くのに、それこそ丸々一日を要していました。これは本当の話です。とにかく、どうしてよいかもわからず、ただひたすら締め切りと格闘していたのです。

では、そんなに苦しいのに、どうして仕事をやめなかったのか。振り返ってみると、こういうことだと思いました。文章を書くことには興味はなかったのですが、求人広告を出稿する会社や仕事、さらにはそれを伝えていくことには大いに興味があったのです。

「へーえ、世の中にはこんなビジネスをやっている会社があるんだ」

「こんな仕事をしている人たちがいるのか」

「この社長はとてもユニークだな」

毎日が発見の連続でした。これが、面白くてたまらなかった。実は今も、文章そのものを書くことが楽しいわけではまったくありません（本当です）。そうではなくて、**自分が発見した「へーえ！」「そうなんだ！」「すごい！」と思える内容を、多くの人に知ってもらいたくて、それが楽しみで仕事をしているのです。**

†「うまい文章」なんて、実は求められていない

三〇〇文字書くのに一日かかっていた私ですが、今では一日二万字を書くこともあります。では、なぜそんなに書けるようになったのか。これは、ある大きな気づきがきっかけでした。はっきりと自覚できたのは、五年務めた会社を辞めて、フリーランスになってからのことではあったのですが。

コピーライターとして学びを深めるための方法のひとつとして、当時は毎週のように発

刊され、時には自分が作った広告も掲載されている分厚い求人雑誌（今はもう廃刊になってしまいましたが、昔はたくさんあったことをご記憶だと思います）をじっくり眺める、ということを、私は習慣にしていました。

なるほど、こんなコピーを作るのか。このキャッチフレーズはいいなあ。この会社はとても面白そうだ……。

しかし、たくさん並ぶ広告を毎週のように眺めていて、ふと気づきました。果たして、読んでいる読者はこんな見方をしているのか、と。

私はコピーライターでしたから、コピーライターの目線で作られた広告を見ていました。しかし、実際に求人広告を見て、職探し、会社探しをしている人たちは、「いい会社はないか」「いい仕事はないか」とごく普通に探している人たちだったわけです。そうした一般の人の目線で見たら、どうなのか。

単純に気がついたのは、文章がうまいとか、そんなことはどうでもいいことなのではないか、ということでした。それよりも、わかりやすく的確に、広告主である会社の魅力が書かれているほうがいい。それこそが、読者が求めていることではないか、と思ったのです。

私が文章を書くのに、どうして時間がかかってしまっていたのか。それは、どうにかして「うまい文章」を書こうとしていたからだと気づきました。シンプルに書けばいいものを、ああでもない、こうでもない、とこねくり回して、時間ばかりかかってしまっていた。

しかも、読者をちっとも見ていませんでした。読者が何を求めているのか。どんなことを考えて求人誌を見ているのか。それを考えずに、一人で悶々と文章に苦しんでいたのです。それが、いい広告づくり、うまい文章づくりだと思っていたのです。

そして求人雑誌を眺めていて、もうひとつ、気づいたことがありました。それは、そうして、こねくりまわした文章は、読んでいる人にわかってしまうということです。書き手の「自意識過剰」が感じられてしまう。背伸びしているな、うまく書こうとしているな、ということがわかってしまう。

これは、後に文章についての本を出すようになり、「私の文章を見てほしい」という依頼をあちこちから受けるようになって、確信することになります。**「うまく書こう」という文章は、実は読み手にその心がバレてしまうのです。そんなことはしないほうがいいのです。**

ということで、私がどうしたのかというと、「うまく書こう」ということをやめてしまったのでした。そんなことよりも、読者にわかりやすく伝える。できるだけ平易な言葉で、シンプルに伝えていく。自分が「へーえ」と思ったことを素直に伝えていく。

結果として、広告としておかしなものになったのかといえば、まったくそんなことはありませんでした。しっかり、広告効果を出すことができました。私が思ったのは、こういうことでした。

「なんだ、これで良かったのか」

やがて、子どもの頃から、どうして文章を書くことが嫌いだったのか、ということにも気づいていきました。私は、知らずしらずのうちに、この呪縛にさいなまれていたのです。

「文章は、うまく書かなければいけない」

ところが、この呪縛が溶けた瞬間に、私は一気に気持ちがラクになりました。考えてみれば、文章は単なる情報伝達手段のひとつでしかありません。大事なことは、相手に情報がきちんと伝わることであって、見事なうまい文章を読ませることでは決してないのです。

何より、それは読み手の立場に立てばわかります。たしかに小説家やエッセイストには、見事な文章は求められるし、読み手も期待するでしょう。しかし、一般的に流通する文章に、そんなものを誰が期待しているのか。

それこそ当時はなかったメールにしても、誰も格調高い文章など求めません。レポートに文芸の香りのする表現もいらないし、企画書にウイットに飛んだフレーズも求められていない。果たしてそんなものがあって、読み手として感心するかどうか。

むしろ、下手をすれば逆ではないでしょうか。「作家でも新聞記者でもないのに、なんだ、この凝った文章は」などと思われてしまうかもしれない。そんなことより、言いたいことがすんなりわかりやすく入っていたほうがいいに決まっている。私はそう思っています。

実は、多くの雑誌の文章はそんなふうにできています。雑誌はターゲットメディア。読者を強く意識しているメディアだからです。読者が期待していないことなど、しないのです。そうしないと、雑誌が売れなくなってしまう。

とても興味深いことなのですが、文章は書き手としての意識と読み手としての意識が大きくずれてしまう可能性があるのです。読み手としては、うまい文章なんて求めていないのに、書き手になったとたん、うまい文章を書かなければいけない気になってしまうのです。

しかし、大事なことは、読み手に読んでもらうことです。内容を理解してもらうことです。ですから、読み手が読みたいものを出す必要がある。

要するに、うまい文章なんていらない、のです。

†小学校のときに教わった「呪縛」が人を苦しめている

書き手の意識と読み手の意識の差は、どうして生まれてしまったのか。どうして「うまい文章を書かなければいけない」という呪縛に多くの人がさいなまれているのか。

私は、ひとつの大きな原因があると思っています。実は文章は、小学校以来、教わっていないということです。振り返ってみてください。実際、作文の書き方は小学校以来、教わる機会がなかった、という方がほとんどなのではないでしょうか。

ということは、どうなるのかというと、**小学校のときに教わった「作文はこう書きなさい」が、今も頭の中に陣取っている可能性が高いということです。**

それは、果たしてどんなものだったか。どんなものがお手本として推奨されたか。どういう作文を書けばいいと言われたか。

高名な評論家による、ちょっと漢字が多い小難しい文だったりはしないでしょうか。文豪と呼ばれる歴史的な作家の、美しい言い回しだったりはしないでしょうか。作文が得意で市長賞とかを取ってしまうような、優等生的な文章だったりはしないでしょうか。

私自身、どうして作文が嫌いだったのか、今はとてもよくわかるのですが、そうした教科書に載っているような文章が正直、嫌いだったからです。なぜなら、難しくてよくわからなかったから。何がいいのかも、ちっともわからなかったから。とにかく読みにくかったから。

そんなものを真似ることはできないと思ったし、そこにまったく関心が持てなかった。だから、文章嫌いになってしまったのです。

そして、このときの「呪縛」はずっと尾を引いていました。小学校のときに見たような「うまい文章」を書かなければいけないという意識が、残ってしまっていたのです。だから、高校生になっても、大学生になっても、コピーライターになってからも、書くことに悪戦苦闘してしまったのです。

そしてもうひとつ、**小学校の作文がもたらした大きな落とし穴があると思っています。それは、「読者が不在になる」という落とし穴です。**

先に「読み手の立場に立ってみると」という話を書きましたが、小学校の作文ではこれができないのです。なぜなら、読み手が決まっていないからです。

思い出してみてください。小学校の作文は、果たして誰に向かって書いていたのでしょうか。担任の先生に提出するから、「先生」だったのでしょうか。では、市内の作文コンクールは、読者対象は誰だったのか。読書感想文はどうか。壁新聞はどうか。

要するに、読者＝「読み手」にはっきり頭が向かっていかない、というのが、小学校の作文だったのです。読み手を意識して書かない。しかし、実はこれは大変難しいことです。

私はよく講演などで、「目の前が暗闇で誰が座っているかわからない舞台で、講演することを想像してみてください」と語るのですが、相手が誰だかわからない中で、情報発信をしないといけない、ということだからです。

実は座っているのは、八〇代のおじいちゃんおばあちゃんかもしれない。女子高生かもしれない。小学生の男の子かもしれないし、四〇代の働くママかもしれない。それぞれの人に対して、もし壇上で話をすることになったとすれば、する話も、話し方も変わるでしょう。

ところが、「読み手不在」というのは、そこに誰がいるかわからない中で語らないといけないということに他なりません。小学校の作文では、それが求められたのです。言ってみれば、世間一般誰にでも、というものです。

そして、こうなると、「あること」が起こります。

読み手がイメージできないわけですから、読んでもらう人のことを考えなくなるのです。極端なことをいえば、「書いたのだから、読んでくれるだろう」という発想になる。書かれたものは読まれる、という考え方です。

これは、学生時代にずっと通じることですが、大学までは書いたものは読んでもらえます。なぜなら、それは教育だからです。しかし、社会に出たらそうではない。書かれているからといって、読んでもらえるとは限りません。

実際、みなさんも文章があるから読むわけではないと思います。読む理由があって読む。読まなければいけないから、あるいは、読む気になるから読む。

つまり、読んでもらうには、読ませる工夫と努力が必要になってくる、ということです。ところが、小学校の作文ではそんなことは教えてはもらえません。

だから、意識変革をする必要があるのです。文章を書くには、具体的な読み手をイメージしないといけない。そして、書いたからといって読んでもらえるわけではない、読んでもらう工夫がいる、ということに気づかなければいけないのです。

†新聞を文章のお手本にするべきではない理由

とりわけ中高年で、仕事を長年にわたってしてきた大人には、もうひとつのものが、文章のお手本になっているケースが少なくありません。ずばり、新聞です。しかし、ここにも大きな危険が潜んでいることをぜひ知っておいていただけたらと思います。

というのも、新聞も「読者不在」だからです。実際にはもちろん読者はいるのですが、**新聞は特定の読者を想定していません。あくまで世間一般に、広く読んでもらう、というのが新聞の大きな特徴でしょう。**

すると、どうなるのかというと、書き手は読み手を考えなくなります。もちろん、そうではない新聞の記者もたくさんいるでしょうし、記事によっては読み手を意識しているものもあります。

しかし、多くの新聞の記者はおそらく読み手を意識していませんし、そうとしか私には感じられません。意識しているのは、「広く世間一般」なのです。暗闇でそこに誰がいるか、わからない中で書いている。少なくとも私には、そうとしか思えません。

本書の読者のみなさんの中には、新聞をすっかり読みなれている方もいるかもしれません。「新聞とはこういうものだ」とお考えの方も多いかもしれませんが、私は正直こう感じています。新聞は難しい。面白く読めない。

しかし、こう感じているのは、私だけではないようです。もう一〇年ほど前になりますが、スマートフォンが出てくる前は、電車の中で何人もの若者たちが読んでいた『R25』というフリーマガジンがありました。一時期は、首都圏だけで五〇万を超える部数を誇りました。

私は創刊時から携わり、ずっと記事を書いていたのですが、この雑誌をスタートさせるにあたり、ターゲット世代である二〇代に徹底的な調査をしたのです。アンケートだけではなく、グループインタビューも何度も行っています。

グループインタビューに現れた若者たちに、「新聞を読んでいますか?」と尋ねると、間違いなく全員が手を上げました。なるほど、やっぱり新聞は若者にも支持されているのかな、と思いましたが、次第に驚きの事実が明らかになっていったのでした。

「では、今日の新聞の一面は何でしたか?」という質問に、多くの若者が答えられなかったのです。「みなさん、背伸びする必要はないですよ。本当のことを言ってみましょう」。引き出し方がうまいインタビュアーによって、次第に若者たちの実態が出てきました。

「購読はしているけど、実は読んでいない」
「読んでいないと、みっともないと思っただけ」
「難しすぎて、よくわからない」
「正直、面白いとはとても思えない」
「読む理由が見つからない」

グループインタビューは、終了後の飲み会もセットになっていました。お酒が入った席では、さらに辛辣な意見が出ました。実は三〇代でも、意見は変わりませんでした。端的に、新聞の文章はこういう評価を受けていた、ということです。

私は新聞を否定する気はありません。とても大事な役割を果たしていて、社会に必要なものだとも思っています。新聞記者は、とても頑張って仕事をしている。

しかし、文章そのものについては、こういう評価を受けている、というのも事実なのです。こういう評価を受けている文章を、果たしてお手本にして大丈夫ですか、ということが言いたいのです。

実際、『R25』では私が経済や政治の記事を書いていましたが、私は経済や政治のプロではありません。新聞記者出身者にお願いすればいいのではないか、と当時の編集責任者に尋ねたら、彼はこう言いました。**「新聞は難し過ぎる。それよりも、プロでない目線から、読者にわかりやすく伝える記事を作りたい」と。結果的に、これが、高く支持されることになります。**

むしろ、素人だから、新聞記者ではないから、読者の立場に立ち、読者をきちんと意識した、わかりやすい記事が書けるのだと編集責任者は言っていました。そのほうが、読者に伝わる、ということです。

たくさんの人が読んでいるし、社会的にも信頼されているから新聞のような文章を書けばいいんだろう、というのは危険な発想であることに、お気づきいただけたと思います。

新聞については、多くの人が、わかりにくくて難しい、と感じているのです。

新聞が難しくなってしまう理由は、シンプルだと思っています。要するに、読み手を意識していないからです。しかし、それは新聞の書き手に問題があるのではない。そもそも、新聞とはそういうものだということです。だから、それを真似るべきではない。

もしお手本にするのであれば、先にもご紹介したターゲットメディアである雑誌だと思います。雑誌は、読み手を意識し、絞り込んでいます。読み手に届くように書いている。

ただし、その読み手が「高尚な文章」を求めている場合もありますから、注意が必要です。個人的には、新聞社系や著名出版社の総合週刊誌をお勧めしています。

私のお手本は、のちに詳しく書きますが、朝日新聞出版の週刊誌『AERA』でした。もう二〇年以上、読み続けています。「こんな文章を書いてみたいな」と自分で思ったのが、『AERA』を読み始めたきっかけでした。

同じ新聞社の発行物でも、新聞と雑誌では大きく違うところも、興味深いところです。難しくなく、とてもわかりやすく書かれています。定期購読で、毎日家に届けられる新聞と、駅売店や書店でわざわざ手にとって買ってもらわなければいけない週刊誌の差、ともいえるかもしれません。

†文法や起承転結は、気にしたことがない

文章に苦手意識を持っていたのが、かつての私でした。書く仕事をするにあたり、まずは文章を指南するような本を読んだのではないか、と聞かれることがあるのですが、実は私の場合、それもありませんでした。

正直に申し上げますが、いわゆる「文章の書き方」的なものは一冊も読んだことがありません。

実は書店に探しに行って、パラパラとめくってみたことはあります。しかし、買うのをためらってしまいました。多くの本が、まずは文法や、起承転結のセオリー等、ルールについて書かれていたからです。

もちろん文章を書くには、そうしたルールも大切なのかもしれません。しかし、それこそまさに小学校の作文のときと同じです。

「こう書かなければいけない」

ということが指南されている。

ああ、これを読んだところで絶対に文章が書けるようにならない、と私は直感で思いました。もとより、文章のルールは膨大です。そんなものを一つひとつ、とてもではないですが、覚えていられません。

本の中には、丁寧に「悪い例」「良い例」がたくさん掲載されているものもあって、なんとも親切だとは思いましたが、買いませんでした。いくら例題を覚えたところで、実際に文章を書くときに役に立つとは思えなかったからです。

書かなければいけないときに、わざわざ本の中からその箇所を探して、その通りにして書く、などという面倒なことは、私にはとてもできそうにありませんでした。

さすがに、文章の基本中の基本、起承転結くらいは、私も知っていました。そこで、コピーライターになったときには、「やっぱり起承転結にすべきだよな」などと考えて、よけいに混乱してしまったことがありました。

もちろん文章量にもよるのだと思いますが、仕事では起承転結など必要ない、と思い至ることになりました。

文法やルール、例題に意味がないとは言いません。勉強になるでしょうし、正しい文章の書き方は学べるかもしれない。しかし、それをいくら学んだところで、応用を利かせて文章が書けるようになるとは、私にはとても思えませんでした。

実際のところ、文章の書き方本は、次々に世に送り出されています。それは、これまでの本では文章が書けなかった、という証左に他ならないのかもしれません。要するに応用が利かない、実践で使えない、ということです。

では、書く仕事を三〇年近くやっている私はどうしているのか。文法も起承転結も、まったく気にしていません。意識したこともない。それでも三〇年近く、一度も仕事が途切れることなく依頼をいただき、書籍を出し、ブックライティングもしているのです。おそらく、私のやっていることは間違っていないのだと思うのです。

ですから、**文法やルールに関する私の結論は極めて明確です。文法もルールも気にする必要などない、ということです。正直、時間の無駄、と言い切ってしまいます。ならば、他のことをしたほうがいい。**

では、何をするか。これは、おそらく私が文章を書けるようになった、もうひとつの理由だと思います。「読むトレーニング」です。私は、文章に関する本を読む代わりに、とにかく「読むトレーニング」をしたのです。

まず大事なことは、「こういう文章を書きたい」とはっきりとしたお手本を見つけることです。ゴールがなければ、ゴールにはたどりつけません。ときどき「うまい文章を書くにはどうすればいいですか」と問われることがありますが、そういうときには、「あなたにとって、うまい文章とは何ですか？」とお尋ねすることにしています。

自分自身にうまい文章の定義がないのに、うまい文章を書けるとは私には思えません。まずは「こういう文章」というお手本が必要になるのです。

私の場合、それが先に紹介した『ＡＥＲＡ』でした。堅過ぎず、柔らか過ぎず、品があって、わかりやすい。こういう文章が書けたらな、と思ったのです。以来、二十数年、今も読み続けています。

この「読み続ける」ことが大切です。『AERA』は週刊誌ですから、毎週毎週、発売されます。それをすべて読む。毎日少しずつ読む。そうすると、そこに書かれている文章は、自分の中に少しずつ染みこんでいきます。

漢字とひらがなのバランス。「、」や「。」の位置。文章のリズム。一文の長さ。言い回し。構成や展開。難しい話をどうくだいていくか……。こういったものは、『AERA』を読み続けたことで、自然に自分の中に入っていたのだと思います。幸いにも、経済からアートまで多領域の記事が出ますから、知識も入って一石二鳥でした。

ですから、**私がお勧めするのは、「読むトレーニング」です。毎日、少しずつ（私はお風呂で湯船に浸かりながら読むのを日課にしています）読み進め、自分に染み込ませていく。そうすることで、「お手本」は確実に自分の中にインプットされるのです。**

＋求められているのは、「わかりやすい文章」

「うまい文章はいらない」と書きましたが、では何を目指せばいいのか。私は端的に、これだと思っています。

「わかりやすく、読みやすい文章」

実際、私自身が常に目指しているのが、これです。少なくとも「うまい文章」は目指していないし、書こうとも思わない。

なぜか。それは、文章というのは、読み手のために存在していると思っているからです。たしかに書くという行為は書き手が行うものであり、書き手がいるからこそ、文章は存在します。

しかし、もしそれを誰も読んでくれなかったとしたら、その文章はいったい何のためのものなのでしょうか。ただ、書き手が自己満足で書き綴っただけのもの、ということになる。私はそう思っています。それでは、意味をなさない。

おそらく日記など極めて私的な書き物を別にすれば、文章は誰かに読んでもらうためにあるはずです。

文章に意味が出てくるのは、読み手がそれを読んでくれたとき、なのです。そこで初めて、書かれた文章に価値が生まれる。

先に「読み手不在」について書きましたが、読み手不在が危険なのは、この「読まれて初めて価値が生まれる」ことに気づけないからです。文章はただ書かれればよいのではない。読まれなければ意味がないのです。ここに気づけなくなることもまた、小学校の作文の呪縛といえるかもしれません。

となれば、目指さなければいけないのは、「読んでもらえる文章」です。自分が書きたい文章を書くのではない。相手に読んでもらえる文章を書かなければいけない。この発想の転換を、する必要があるのです。

だからこそ、「わかりやすく、読みやすい文章」なのです。読み手の立場に立ったとき、このことに気づけます。そして、この気づきこそが、私が三〇年近く、書く仕事で食べることができた理由だと思っています。

その意味では、苦手だと思うものを職業にしてしまった幸運を感じます。もし、私が文章が得意で、何も気にせずすらすらと書けてしまったとしたら、こんな発想にはまずならなかったと思うからです。

私は書き手の方々に向けての講座でもお話をする機会があるのですが、**文章が得意な方ほど陥ってしまう落とし穴があると実際、感じています。それは、読み手不在で、自分が書きたいものをついつい書いてしまう、ということです。しかも、それが「うまい文章」で書けてしまったりする。文章が得意だからです。**

しかし、読み手が求めていないものが、いくらうまい文章で展開されていたとしても、誰も読んではくれません。うまい文章よりも重要なことは、読み手が求めているものをしっかり想像し、それについて書けるかどうか、ということだからです。

詳しい書き方については第三章でお伝えしていきますが、まず認識しなければならないことは、

「文章は、読み手のために存在している」

「読み手が内容を理解して、初めて価値が生まれる」

「読み手が理解しやすい、わかりやすく読みやすい文章を心がけなければいけない」

ということです。

そんなことは当たり前じゃないか、と思われるかもしれません。しかし、読み手不在の文章は、実はたくさん存在しています。それは、SNSでもブログでも同じです。人は、ついつい読み手を意識せずに文章を書いてしまうのです。

それには、他にも理由があるのかもしれません。文章はあまりに身近にあるものだから。誰にでも扱うことができるから。当たり前に書けると思っているから。

しかし、実はそうではないのです。**書く仕事をしてきて感じるのは、「文章」というものが、いかに使い勝手が悪い道具なのか、ということです。相当、慎重に扱っていかない**

と、誤解を与えたり、暴走してしまったり、まったく伝わらない事態を引き起こしかねないのです。

文章はあくまで読み手のためにある、と認識すれば、ここに慎重になれます。そのためにも、意識の変革が必要なのです。

†読者に「ベネフィット（メリット）」がないといけない

文章を書くための本なのに、どうしてそんなに読み手のことばかり言うのか、と思われているかもしれません。しかし、これが文章をめぐるリアリティだと私は感じているのです。そして、多くの人がこのリアリティに気づいていないのです。

これも幸いだったと振り返って思うのは、書く仕事の始まりが求人広告のコピーライターだったことです。私が作っていた広告は、求人広告ばかりが掲載された分厚い雑誌の中に収められていました。

時には数千社もの会社の求人広告が並ぶ雑誌の中で、しっかりと目立って主張していなければ、読者は目を留めてはくれません。

そして、読者が目を留めてくれなければ、求人広告への応募がなくなるのです。この仕事の恐ろしさは、それが明確に数字として出てしまうことでした。一般の雑誌に掲載されている商品広告なら、その広告で何件、問い合わせがあったか、などということはわかりません。

しかし、私が作っていた求人広告の場合は、それが明らかになってしまうのです。翌週、次の雑誌が出るまでに、問い合わせ件数が明確に出てしまう。

もし、問い合わせがなければ、広告を作った私の責任です。広告主であるクライアントは、広告費として大きな金額を出していますから、もし反応ナシなどということになったら大変なことになります。

ということで、私は緊張感いっぱいの中で文章を書いていかなければなりませんでした。**ここで強烈に意識したのが、読み手のことだったのです。読み手に、いかにして目を留めてもらうか。文章を読み進めてもらうか、ということです。**

しかも、私が作っていたのは、広告でした。もし、自分でお金を払って買った記事であれば、人は読むでしょう。しかし、広告の場合はどうか。読者は、無理して読む必要はないのです。

考えてみれば、当たり前だと思いました。読者には、読む義務などないのです。書かれたものだからと、わざわざ読んではくれない。読むに至る、ちゃんとした理由がなければいけないのです。

となれば、読者について徹底的に頭を巡らせる必要があります。そのためには、読者を絞り込んでいく必要があります。「世間一般」では、読者はあまりに漠然とし過ぎてイメージできないからです。

実際の考え方は後に詳しく書きますが、ここで身につけることになったのが、企業が求める人材から具体的なターゲット（読者）を設定し、彼らに響く内容を持っていく、という考え方でした。

要するに、読み手に対して「ベネフィット（メリット）」をしっかり提示してあげる、ということです。そして、読み始めたら、最後まで一気に読み進めてしまえるような「一気通貫」の構成を考えていく。私はこの仕事で、それを徹底的に鍛えたのでした。

今は広告を手がけることはほとんどありませんが、雑誌やウェブサイトの記事を作るときも、書籍を作るときも、経営者などのブックライティングをするときも、私の基本的な考え方のベースはこれです。

「読者はそもそも読んでくれない」

「読む義務などない」

となれば、きちんと読者にベネフィットを提供してあげなければいけないのです。

もとより、多くの人がそうだと思いますが、今はみんなとにかく忙しいのです。時間がない。そんな中で、貴重な時間を自分の文章を読むことで費やしてもらっているのです。そこに敬意を払わないといけません。読んでもらえるに足るものを作らないといけません。

しかも、インターネット時代は、膨大な情報が飛び交う時代でもあります。これだけの情報の渦の中で、自分の書いた文章を読んでもらうことになるのです。その現実を、理解しておく必要があります。

本書を読んでいる人は、みなさん書くプロではないと思います。書くプロでもないのに、そこまで意識しないといけないのか、と思われるかもしれません。

でも、ほんのちょっとでも、このリアリティを頭の中に入れておいてください。そうするだけで、文章は一気に変わるのです。

では、実際の書き方へと、筆を進めてまいりましょう。

第一章のポイント

①「うまい文章」は求められていない
②新聞をお手本にするべきではない
③文法や起承転結は気にしない
④求められているのは「わかりやすい文章」
⑤読者に「ベネフィット（メリット）」があるか

第二章

文章とは「情報」の伝達ツールでしかない

――「文章の本質」を理解すれば、ラクに書ける

†一流の作家の真似をしてはいけない

長く文章を書くことに携わり、その過程で多くの人たちと会話を交わす中で、感じたことがあります。そのひとつが、**「文章をどうにも特別なものだと思っている人が多い」ということでした。**

これももしかすると、小学校の作文教育の呪縛なのかもしれません。「文章を書く」となると、とにかくみなさん、肩に力が入るのです。

「うまく書かないといけない」
「文法を間違えてはいけない」
「みっともないものを書いてはいけない」

しかし、一番大事なことは、先にも書いたように「相手に伝わること」です。どんなにうまく、正しい文法で書いたところで、読み手に伝わらなければなんの意味もありません。なぜなら、そもそも文章は「情報の伝達ツール」だからです。それこそ、単なる「道具」でしかないのです。

書く仕事をしているのにナンなのですが、文章なんてその程度でしかない、と私は思っています。そんなことより大事なのは、中身です。必要なことは、「何を」伝えるのかということです。

もちろん、見事な文章を書き連ねる人も世の中にいます。それを否定するつもりはまったくありません。例えば、小説家の文章はそのひとつでしょう。

実は私は、芥川賞作家、直木賞作家はじめ、たくさんの作家にインタビューをする機会を得ています。どうしてこんなに見事な文章が書けるのか。私自身も、とても興味がありました。

しかし、作家にインタビューをしてわかったことは、とてもシンプルな結論でした。これは、この人たちだけに神が与えた天賦の才である、ということです。とても普通の人が、真似できるものではない。そしてその天賦の才を、徹底的な努力によって磨き続けている。その見事な文章を洗練させ続けているのです。

こんなものを普通の人に真似できるはずがない。いや、真似をしてはいけないし、するべきではない。私はそう思いました。

それこそプロのサッカー選手と同じプレーを、サッカーをちょっとだけやったことがある人が真似しようとするようなものです。ＤＩＹが好きだから、と家を建てる技術をもった大工の仕事を自分でやってしまう人は、まずいないでしょう。

ところが、どういうわけだか、文章に関しては、いわゆる名文を目指そうとしてしまう。それは、誰でも書けそうな気がしてしまうからでしょう。「名文を書くのが正解だ」という誤った情報が、インプットされているからだと思います。だから、そうした「特別なもの」を書かねばならないと思い込んでしまっているのです。

しかし、繰り返しになりますが、文章で楽しませるプロの作家の文章を除けば、そもそも文章の目的は、情報を伝達することに他なりません。なのに、どうしてできそうもない大変なことをわざわざしようとするのか。そんなことよりも、シンプルで簡単でラクな方法で文章を書き進めたほうがいいのです。

「名文」など必要ない、ということに気づければ、このことに頭が向かうようになります。文章を書くことそのものは、目的でもなんでもないのです。

実際、パワーをかけるべきはそこではありません。道具ばかり磨いても、いいモノは作れないのと同じです。大事なことは、「何を」伝えるのかということ。文章そのものではなく、中身なのです。

どう書かれているか、以上に、何が書かれているか、こそが本来は重要なのです。それが「特別なもの」のイメージに惑わされて揺らいでしまう。だから、多くの人が文章を書くときに混乱してしまうのです。

文章は情報の伝達ツールでしかない。この本質に気づくことができれば、文章はぐっと身近なものになります。「特別なもの」ではなくなります。もっとラクに扱えるようになります。

†文章は「何からできているのか」に気づく

そしてもうひとつ、文章の本質として、ぜひ知っていただきたいことがあります。それは、文章が何でできているのか、ということです。

何のことか、と思われるかもしれませんが、文章はもちろん何かで出来上がっています。それが何によるものなのか、ぜひ理解していただきたいのです。

例を挙げて解説しましょう。例えば、以下の文章は拙著『JALの心づかい』（河出書房新社）をベースに、ウェブサイト「プレジデントオンライン」に出した記事からの抜粋です。

二〇一〇年のＪＡＬ破綻のニュースは社会に衝撃を与えることになった。しかし、さらに社会を驚かせたのが、わずか二年後には、史上最高の営業利益を計上し、再上場を果たしたことだった。

以後、ＪＡＬは好調な業績を維持している。二〇一七年三月期のグループ連結売上高は一兆二八八九億円。営業利益は一七〇三億円。この五年を平均すると営業利益は一八〇〇億円台、営業利益率としても一四％強で、航空会社としてもハイレベルにある。

もちろん、破綻後に人件費の削減、不採算路線から撤退するなど、厳しい構造改革の結果が今につながっているわけだが、それればかりではない。ＪＡＬは会社として生まれ変わったのだ。例えば、サービス力の向上である。

ＪＡＬは、国内最大級の顧客満足度調査「二〇一七年度ＪＣＳＩ調査」で、国際航空部門の「ロイヤルティ（再利用意向）」は五年連続で第一位、「顧客満足」でも第一位を獲得している。（中略）

ざっと読まれて、「ああ、普通の文章だ」と思われたのではないかと思いますが、この文章、よくよく読んでみてほしいのです。文章が、何でできているか、をです。

すべて、「事実」でできているのです。

・二〇一〇年のJAL破綻のニュースは、社会に衝撃を与えることになった
・二年後には、史上最高の営業利益を計上し、再上場を果たしたことだった
・以後、JALは好調な業績を維持している。二〇一七年三月期のグループ連結売上高は一兆二八八九億円。営業利益は一七〇三億円
・この五年を平均すると営業利益は一八〇〇億円台、営業利益率としても一四%強。これは航空会社としてもハイレベルにある
・破綻後は人件費の削減、不採算路線から撤退するなど、厳しい構造改革をしていた
・JALは、国内最大級の顧客満足度調査「二〇一七年度JCSI調査」で、国際航空部門の「ロイヤルティ（再利用意向）」は五年連続で第一位、「顧客満足」でも第一位を獲得している

この文章の続きも見てみましょう。

また、リクルートライフスタイルの「エイビーロード・リサーチ・センター」が実施した二〇一七年の国際線エアライン満足度調査でも、調査開始以来、初めて総合満足度一位になった。「客室乗務員の接客サービス」部門一位、「空港内の航空会社職員の接客サービス」部門でも一位。つまり、ＪＡＬはサービス力で高い評価を得るエアラインになっているのだ。

この背景のひとつにあるのが、教育への取り組みだ。厳しい経営環境の中で、ＪＡＬはしばらく教育に大きなコストをかけることができなかった。しかし、人への投資は、じわじわとボディブローのように会社に響いていく。拙著『ＪＡＬの心づかい』の取材で経営幹部の一人は、人材への教育投資に力を入れることを今は強く意識するようになっていると語っていた。

だが、教育を変えただけでは会社は変わるものではない。実はＪＡＬの場合、この教育の中心に据えられている、過去にはなかったものがあるのだ。これこそが、ＪＡＬのサービスを大きく変えたもの、と言っていいと思う。「ＪＡＬフィロソフィ」である。

ＪＡＬフィロソフィは、経営破綻から一年経った二〇一一年一月一九日に発表された、社員の行動哲学ともいうべきものだ。ＪＡＬ再生をリードしたのが、京セラ創業者の稲盛和夫氏であることはよく知られているが、稲盛氏が破綻したＪＡＬの課題として捉えていたのが、意識の改革だった。リーダー教育を徹底する一方、全社員の意識改革が必要になると考えたのだ。

これも同様です。どうでしょうか。**すべて「事実」、さらには取材で得た「エピソード」でできています。**

・リクルートライフスタイルの「エイビーロード・リサーチ・センター」が実施した二〇一七年の国際線エアライン満足度調査でも、調査開始以来、初めて総合満足度一位になった
・背景のひとつにあるのが、教育への取り組み
・厳しい経営環境の中で、ＪＡＬはしばらく教育に大きなコストをかけることができなかった
・人への投資は、じわじわとボディブローのように会社に響いていく
・経営幹部の一人は、人材への教育投資に力を入れることを今は強く意識するようになっ

ていると語っていた

・ＪＡＬのサービスを大きく変えたもの、と言っていい「ＪＡＬフィロソフィ」

・ＪＡＬフィロソフィは、経営破綻から一年経った二〇一一年一月一九日に発表された、社員の行動哲学ともいうべきもの

・ＪＡＬ再生をリードしたのが、京セラ創業者の稲盛和夫氏

・稲盛氏が破綻したＪＡＬの課題として捉えていたのが、意識の改革

・リーダー教育を徹底する一方、全社員の意識改革が必要になると考えた

いかがでしょうか。これらの文章は、「事実」や「エピソード」を並べて少しだけ私が言葉を付け加えただけ、ということがおわかりいただけたのではないかと思います。事実やエピソードという「文章の素材」から、この文章はできているのです。

端的に申し上げると、文章はこれでいい、ということです。「素材」さえしっかりあれば、それを並べ替える程度でいいのです。実際、私は文章を書くときに、これをやっています。まずは「素材」を徹底的に出して、それを並べ替えていく。そうやって文章にしていくのです。

本書もそのようにしてできています。まずは素材をたくさん出し、それを文章化する。要するに、「表現めいたこと」はほとんどしていない。

難しい語句もほとんど使いません。これは後に書きますが、日常会話レベルの語句で十分だと思っているからです。なぜなら、文章は情報伝達のツールに過ぎないからです。

言ってみれば、話すのも、文章にするのも、ツールが違うだけで同じことです。ならば、なぜわざわざ文章にするときに、言葉を変えないといけないのでしょうか。それこそ「文章は特別なもの」という呪縛にさいなまれている典型的な例です。そんなことは必要がないのです。

そして、**文章を構築している「素材」には三つあると私は考えています。「独自の事実」「数字」「エピソード」です。この三つの素材を組み合わせることで、文章はできていくのです。**

†「素材」をしっかり集めれば、速く書くことができる

本当なのか、と思われるかもしれません。では、私以外の文章で見てみましょう。毎週、欠かさず読んでいる『ＡＥＲＡ』から、二〇一八年四月二三日号、巻頭カラーの記事「名

門私大より地方国公立大」の冒頭です。

地方振興、雇用創出を推進すべく、「特定地域内（概ね東京二三区を指す）の大学等の収容定員の増加を禁じる法律案」が三月二三日に衆院で可決した。これに先駆け、二年前から大学の定員規制が行われている。

収容定員八千人以上の大規模大学の場合、大学側は定員の一・二倍まで合格させてよかったのが、一六年度は一・一七倍、一七年度は一・一四倍、一八年度は一・一倍がボーダーラインに。一九年度以降は一倍を超えた学生の数に合わせて補助金の減額措置を行う予定だという。（中略）

守らなければ国からの補助金が打ち切られるとあって、大学側は合格発表数を大きく絞り込んだ。その結果、この少子化時代に私大が超難関化している。

特に昨年からその傾向は顕著で、偏差値七〇オーバーの学生が、いわゆる「MARCH」を滑り止めにできない状況だ。

さて、いかがでしょうか。よく眺めてみてください。いずれも「素材」で構成されていることが、おわかりいただけるのではないでしょうか。「事実」「数字」「エピソード」です。

特別な表現など、特にありません。一部、専門用語はありますが、書き手が何か文章を作ったような形跡はありません。**並べ替えて、整理して、伝わりやすくして、微調整しているだけです。それで、十分に文章の内容は伝わってきます。**

もうひとつ、ご紹介しましょう。同じ号にある、モノクロの巻頭記事「滑り止めでも落ちる」の冒頭です。

今春、同志社大学文学部に合格したAくんは、今年の入試をこう振り返る。

「過去問を解いて、合格最低点をクリアできた大学でも通らない。明治大のある学科では『八割は取っただろう』という感触があったけど、落ちました。全体的に合格ラインが一割くらい上がった印象です。併願が増えて倍率も高くなっているので、小さなミスをすると滑り止めでも落ちる危機感があった」

大学関係者の間で「二〇一八年問題」と呼ばれ、一八歳人口が減少期に入る初めての受験シーズンが終わった。一七年には約一二〇万人だった一八歳人口は、一八年から約一一八万人と減りはじめ、三一年には一〇〇万人を割り込むとみられている。だが、少子化にもかかわらず、一八年度入試は以前にも増して、厳しいものとなった。

特に顕著だったのは、私立大学の「難化」だ。「大学通信」によると、一七年度の私大の一般入試の志願者数は前年度比で約八％増だったが、一八年度はさらに七％増となった。志願者数トップは五年連続で近畿大で、今年は一五万人を超えた。関東では、中央大が約一万四千人増で、前年比一一九％。総合政策学部では、募集人数に対する志願倍率が二七倍にもなった。立教大は前年比一四・六％増で、異文化コミュニケーション学部の志願倍率は二八・七倍。法政大は志願者数が約一二万二千人と過去最高を記録した。

どうでしょうか。やはり「素材」＝「事実」「数字」「エピソード」で構成されていることが、おわかりいただけるでしょう。

どんな文章でもかまいません。新聞でも、雑誌でも、ウェブでも、とりわけビジネスや社会、経済などについての記事を読んでみてください。文章が「素材」からできていることにお気づきいただけると思います。

実は小説やエッセイも、基本的に「素材」からできています。しかし、そこに独特の言葉が使われていたり、見事な形容の表現があったりする。それこそが、小説家やエッセイストの「天賦の才」たるところです。しかし、基本は「素材」なのです。

文章がなかなか書き進められない、筆が進まない、という相談を受けることが私はときどきあるのですが、そのときにこう申し上げています。

「素材はきちんと用意していますか」

文章が書き進められないのは、極めてシンプルな理由によると私は思っています。端的に「素材」が足りない、のです。文章は「素材」からできているのに、その「素材」が足りないわけですから、書けるはずがありません。

そして、素材が足りないとどうなるかというと、「表現」に走ろうとするのです。形容する言葉を見つけようとしてみたり、気の利いたフレーズを探してみたり、ちょっと知的な香りのする語彙を必死で考えてみたり。

しかし、これは先にも書いたように「天賦の才」にだけ与えられた能力です。そうそう見事な言葉など、出てくるはずがない。しかし「素材」が足りないので、なんとか文字を埋めないといけない、と「表現」に走ってしまう。そして苦しくなってしまう。なかなか書き進められなくなってしまうのです。

もっといえば、なんとか「うまい文章」にしなければ、と考えて「表現」に時間をかけてしまうケースもあるでしょう。これが、書き手を苦しめます。なかなか浮かぶものではないから。時間がかかってしまうから。

そんなことよりも、「事実」「数字」「エピソード」という「素材」を集めればいいのです。それを構成していけばいいのです。そうすれば、筆が止まってしまうことなどありません。

実際、実は私は月に一冊、本を書いています。よく驚かれますが、実はそれ以外に、たくさんのインタビュー記事や原稿を作っています。

おそらく書くスピードは相当に速いと思いますが、どうしてそんなことができているのかというと、文章が素材でできていることを知っているからです。

私はこれを「素材文章術」と命名して書籍『超スピード文章術』(ダイヤモンド社)も出して詳しくご紹介していますが、「素材」さえしっかり揃えることができれば、文章は速く書けるのです。**そして、書くことに困らなくなるのです。**

意識しているかどうかは別にして、「素材文章術」を実践している書き手は少なくありません。

†どうして新聞記者や雑誌記者は「取材」をするのか

例えば、新聞記者や雑誌記者。新聞記者や雑誌記者は、必ず取材をしているでしょう。では、なんのために取材をするのでしょうか。それは、記事を書くためには「素材」が必要だからです。取材をすることで、文章を書くための「素材」を手に入れているのです。その「素材」が、そのまま新聞記事になるのです。

逆に、彼らは取材をしないで記事を書くことはまずないでしょう。あったとしても、過去に取材を経験していたり、取材以外の方法で「事実」「数字」「エピソード」を手に入れたりしています。それをベースに記事を書くのです。

試しに新聞記事を眺めてみてください。ほとんどの記事が「素材」によって、文章が作られていることに気づくことができます。そういえば、「スクープ競争」などというものもありますが、これはまさに「素材競争」でしょう。

どんないい「素材」を手に入れることができるかで、記事が大きく変わっていってしまという、最もわかりやすい例だと思います。

私自身も、ほとんどの記事を取材によって書いています。**経営者をはじめとした著名人のインタビュー記事を書く。それはまさに「事実」「数字」「エピソード」をいただきに取材に伺っているということです。**

海外の工業地帯についてのレポート記事を書く。これも、取材せずに書くことはできません。しかも、「すごかった」「大きかった」「びっくりした」などと私の感想を書いたところで、読者には何のことだか、さっぱり伝わりません（むしろ、こうした形容的な言葉は使わないほうがいい、という話は後にします）。

そうではなくて、「敷地は東京ドーム五〇個分もの広さだった」「物流工場の前には二〇〇台のトラックが止まっていた」「見学に来た誰もが最新鋭のマシンに驚く、と工場長は語っていた」といった「素材」を書いたほうが、よほど読者には伝わります。だから取材に行くと、「事実」「数字」「エピソード」に耳を傾けることになります。

経営者などの方のブックライティングのときには、一〇時間ほど取材します。そこでは、「事実」「数字」「エピソード」を徹底的にヒアリングするのです。それはそのまま、本の「素材」になります。ですから、実はブックライティングでは、書くこと以上に重要なのが、取材をすることです。取材がコケて、いい話が聞けなかったら、本は作れないのです。

高級スーパーの成城石井、コーヒーチェーンのドトール、コンビニのローソン、ダイエットサポートのライザップ、クックパッドやリブセンス、さらにはＪＡＬや明治大学、マイクロソフトなど、私はいろんな会社や組織について、「どうしてうまくいっているのか」をテーマにビジネスノンフィクションもたくさん書かせてもらっていますが、これもすべて取材で「素材」を集めています。

うまくいっている会社には、必ず理由があります。その理由はどこにあるのか。取材によって徹底的にあぶり出します。そしてたくさんの「事実」「数字」「エピソード」を手に入れてから、本を書き始めます。なので、書くことに困るなんてことはありません。むしろ、たくさん情報がありすぎて、削るのに困るくらいです。

本書のような「スキル本」の場合も、同じです。何を書くか、事前にしっかりと目次を作ります。そして、どの項目にどんな話を書いていくか、メモをしておきます。これが「素材」です。自分の本を書くとき、「素材」を出すのが難しいときには、担当編集者に私を取材してもらうこともあります。

人間は面白いもので、机に向かって文章で出そうとすると出て来ないのに、人に聞かれ

ると、口からならスラスラと出てくることが少なくないのです（これは聞き書きで本を作るブックライティングの効能でもあります。自分で文章を書くとき以上に、いいコンテンツができることは少なくないと私は考えています。したがって、いずれは私の本をブックライティングで作ってもらうこともあるかもしれません。実際、小説家の実用書をブックライティングした経験が私にはあります）。

そうはいっても、「取材などというのは、プロの書き手がするものだ。一般の人間には取材なんてできない」と思われるかもしれません。しかし、それは間違っています。誰でも文章を書くのであれば、「取材」を意識し「素材」を意識すればいい。そうすることで、文章は一気に書きやすくなります。文章は怖いものでなくなるのです。

†小学校の授業参観の感想文を、なぜ五分で書けたか

「取材」が特別なものではない、という象徴的な話をしておきたいと思います。私には娘がいますが、まだ小学生だった頃、授業参観に出かけると、学校から親に対して「感想文」が求められました。

三〇〇字ほどのマス目が用意された紙に書くだけでしたが、これに多くの親御さんが苦

しまれていたのでした。週末、何時間もかけて考えた、という人もいました。中には、夫婦でどちらが書くかでケンカになってしまった、などという声も聞こえてきていました。

父親が集まる会で、あるときこんなふうに問われました。

「あの感想文は本当に困ります。書く仕事をされているんですから、きっと速いんでしょうね。どのくらいの時間で書かれるんですか」

私の答えは、「五分」でした。正確にはもっと短い時間で書けていたと思います。私はスマートフォンのメールに三〇〇字の原稿をちょこちょこっと書き、それを妻にメールして手書きの清書にしてもらっていました。

どうして私がこんなに速く書けたのか。答えは簡単で、「取材」をしていたからです。といっても、先生や子どもにインタビューしていたわけではまったくありません。

参観日に学校に着いた瞬間から、いろいろなものに目を向けていたのです。例えば、受付に並んでいる親御さんの様子。どれくらいの人数か。パパの参加率はどのくらいか。下駄箱はどんな様子か。どんなものが掲示されているか。教室に向かう廊下には何があるか。印象的なものが何か貼られたり、置かれたりしていないか。

教室の様子はどんな感じか。黒板には何が書かれているか。黒板の横の掲示物に、印象的なものはないか。教室の後ろには何が貼ってあるか。絵や習字について、どんな印象を持ったか。

さらに子どもの様子。特徴的な場面。そして先生の授業の様子。何を語ったか。話をしている雰囲気や、それを聞いている子どもの姿はどんなか……。

授業参観に行けば、「へーえ！」と思ったり、「これは！」と思ったり、「なるほど、この学校を象徴しているな」と思えたりするモノや様子、風景がたくさんあるものです。それを私はせっせと、スマートフォンにメモしていたのです。

それこそ、文字数にすれば三〇〇文字どころではありません。数時間も学校にいれば、いろんな発見があるものです。これは、まさに「取材」です。

取材というと、新聞記者や雑誌記者が仕事で行うものだと思い込んでいる人がいますが、そうではありません。こうして、日常的に何かを書くときにも、「取材」＝メモをすればいいのです。そうすれば、文章の素材はたくさん集まるのです。

ところが、誰もこれをやらない。だから、家に帰ってから「何を書けばいいんだ」「書くことがない」ということになってしまうのです。これでは、文章を書くのが億劫になるのは当然です。文章を書き慣れている私でも、何も「取材」していなければ、書くことはできませんし、しません。書けないことがわかっているからです。

しかし、「取材」で文章の素材をたくさん手に入れていれば、あとでメモを見返して、使えそうな素材を引っ張ってきて、少しだけ組み替えたりするだけで原稿はできてしまいます。所要時間は五分もかかりません。だから、悩まず簡単にすばやくできていたのです。

これは、私が仕事柄「取材」慣れしているからできたこと、という側面もないわけではないと思います。普通の人は、そんなふうに授業参観を見ていません。

しかし、何らかのイベントの後に文章を提出することは、よくあることです。会社の研修でも、セミナーでも、講演会でも同じです。ならば、準備をしておいたほうがいい、というのが私の意識でした。

実際には、多くの人たちがたくさんの「へーえ！」「これは！」「なるほど、この学校を象徴しているな」に気づいていたはずなのです。驚きや発見もあった。ところが、それをしっかり残せていなかった。結果的に、書く段になって困ることになってしまったのです。

†五感で捉えたもの、すべてが「取材」になる

「取材」というと、インタビューをしたり、ヒアリングをしたりするイメージを強く持っ

ている人も少なくないようです。しかし、文章の素材を集めると意識すれば、あらゆるものが「取材」になるということに気づけます。

例えば、聞いたことだけではなく、見たこともです。先に触れた学校の授業参観でも、見たこと、見たものをメモしていきました。例えば、一学年三クラスだったのですが、娘の学校では教室にドアがないのです。これは驚きでした。

そして、三つのクラスの教室は、その学年みんなが集えるオープンスペースにつながっている。だから、開放感があって、とても心地が良かった。学校特有の閉塞感がない印象を持ちました。これなら、他のクラスの子どもたちとも親しくなれる、と感じました。

ミッション系の学校だったこともあって、黒板のまわりの掲示物は、宗教にからめたものが中心でしたが、「人としてちゃんとする」ことを大切に感じさせるフレーズが並んでいました。とてもいい印象を持ちました。

また、思った以上に夫婦での参加が多かったことにも気づきました。父親も教育への関心が高い学校なんだ、ということが見てとれました。

こんなふうに、見たものはすべて文章の「素材」になりえます。これ以外にも、いろんなものを見て、どんどんメモしていきました。

「見たことも取材なのだ」と意識して、ぜひ新聞や雑誌などの文章に触れてみてもらえたら、と思います。実は、書き手が見たことを記述している文章はたくさんあります。それは、見たことが文章の素材として、とても大切なものだからです。

そしてこのときに意識するのが、先に挙げた「素材」の三つの要素、「事実」「数字」「エピソード」なのです。これを、しっかりとメモしていく。それは、そのまま文章の内容にしていくことができます。

例えば、地方の大型ショッピングセンターに行ったとする。「広さは東京ドーム五つ分」「駐車場は二〇〇〇台」「テナントは二〇〇以上」「一日に二〇〇台のトラックが出入りする」など、得た情報は文章の素材になります。

それこそ、見るモノはすべてが取材です。ショッピングセンターの建物はどんな大きさだったか。何色だったか。エントランスにはどんなものが置いてあったか。ショッピングセンターのまわりは、どんな光景だったか……。

また、聞いたこと、見たこと以外にも、「取材」として文章の素材になりえるものがあります。例えば、匂い。どんな匂いがしたか。どんな香りに似ていたか。さらに、空気。どんな風が吹いていたか。

もうお気づきかもしれませんが、**実は「五感」で捉えたもの、すべてが取材で素材になるのです。視覚、聴覚、嗅覚、触覚、味覚。文章の多くは、人間が五感で捉えた「素材」が、書かれているといっても過言ではないと思います。**

そうすることによって、より読者に伝わりやすい文章にしていくことができます。だから、プロの書き手は取材をするのです。取材によって、文章の「素材」を手に入れているのです。

そして、その「素材」から文章を書き起こしていく。私の授業参観の話ではありませんが、仮に五感で感じた素材をしっかりメモしていれば、書くことに困ることはありません。その素材を、そのまま書いていけばいいからです。

†人間は忘れる生き物。大事なことは「メモ」を取ること

どうして、他の多くの親御さんが授業参観の感想文を書くのに、手間取ってしまったのか。それには、二つの理由があると私は想像しました。ひとつは、素材を「メモ」していなかったこと。そしてもうひとつが、「感想」を書いてしまおうとしたことです。

この双方ともに、文章を書くときに苦しむことになる要素だからです。

多くの親御さんは、授業参観でいろんなものを見ておられたと思います。話も聞いていた。それこそ、五感でいろんなものを捉えていたはずです。

ところが、「さあ、書こう」という段になって困ってしまった。せっかく五感で捉えたものを、思い出せなかったからです。だから、書けなかったのです。

では、私はどうしたのかというと、先にも書いたように、せっせとスマートフォンにメモを取っていました。なぜこんなことをしていたのかというと、忘れることがわかっているからです。人間は、必ず忘れてしまうのです。だから、メモを取らないといけないのです。

もともと文章を書くときには、メモが極めて重要になることには気づいていました。コピーライター時代、企業への取材に出かけるときにも、必ず懸命にメモを取りました。そのメモが、そのまま文章の素材になっていったからです。

メモを取らないと、当然ですが素材にすることはできません。多くのことを、書く段になって忘れてしまうからです。だから、メモをしていたのです。

ただ、メモがいかに大事だったのか、必須のものだったのか、改めて知ったのは、つい数年前のことです。ある大学教授にインタビューをしていて、「人はなぜ忘れてしまうのか」ということを強烈に教えてもらったのです。

彼はこんな話をしてくれました。人間は太古の昔、ジャングルに暮らしていました。人間の長い歴史からしてみれば、それほど古い話ではありません。文明が生まれるまで、人間は当たり前のように多くの動物たちと共存していたのです。

しかし、ジャングルでの暮らしは命の危険を常に伴います。人間を襲う獰猛な動物もたくさんいます。万が一、嚙まれたり刺されたりすると、命を落としてしまいかねない虫たちもいます。

そうするとどうなるのかというと、常に注意をしていなければならないのです。そこで人間は、脳のすべてを別のことで占領しないようになったのだ、というのです。

他の何かに集中しているときに、ガブリとやられたり、チクリとやられたりしたら、もはや命はない。だから、いつでも周囲に注意を配れるよう、すぐに脳のスペースを空けておく。つまり、いろいろなものを忘れてしまうようにできているのだ、というのです。

ですから、すぐに忘れてしまうのは当たり前なのです。**脳のスペースを空けるためです。それは、人間としてのDNAに刻み込まれている生存本能なのです。人間は、何かに集中できないし、すぐにいろんなことを忘れてしまうのは仕方のないことなのです。**

逆にもし、目の前のことへの強烈な集中力があったりしたらどうなるか。ジャングルでは、あっという間に命を落としてしまったかもしれない。それこそ、現代の天才であるアインシュタインやニュートンら、凄まじい集中力を持った人たちは、太古の昔は生き残れなかっただろう、と教授は語っていました。

要するに、人間はとにかく忘れてしまう生き物なのです。となれば、それを理解した上で行動しないといけない。ここで重要になるのが、メモを取る、という行動になるわけです。

取材に行けば、とにかくメモを取ります。ICレコーダーにも録音します。見たこともメモします。感じたこともメモします。スマホで写真を撮ることもあります。

実は取材以外でもメモを取ります。何かの企画が突然、思い浮かんだとき。いいフレーズが出てきたとき。本の構成。街を歩いていて、おっと思ったこと。見慣れないモノ。駅までの道で気づいたこと……。それこそ、何でもメモします。理由は簡単で、忘れてしまうからです。

私はスマートフォンのメールの下書きにタイトルをつけて、いろんなメモを残しています。それはそのまま文章の素材になることもありますし、本の企画になったり、構成にな

ったり、要素になったりします。

この本もそうですが、机の前に何時間も座って考えて、本の構成や要素が出てきたわけではありません。突然、一部分が思い浮かんだり、ひらめいたりするのです。それが、電車の中でやってきたり、散歩の途中でやってきたり、週末のランニングをしているときに浮かんできたりする。だから、いつでも手に持っているスマートフォンに記録していくことが大事になるのです。

人は日常的に、たくさんの「素材」を捉えています。それこそ五感をフルに使って、脳はいろんなものを獲得しています。しかし、それは確実に忘れ去られます。人間の本能がそうだから。

しかし、そうとわかれば、メモを取ればいいのです。いろんなものをメモしていく。見るもの、感じるもの、どんどんメモしていく。それはそのまま文章の素材になる。素材がたくさんあれば、書くことには困らなくなるのです。

†「形容詞を使わない」と決めると、事実に目が向く

もうひとつ、親御さんが授業参観の感想文に苦しまれた理由があったと私は想像してい

ます。それが「感想」を書いてしまおうとしたことだと思っています。感想文だから、感想を書くのは当たり前じゃないか、と思われるかもしれませんが、ここが文章の落とし穴、なのです。

感想を書こうとするとき、多くのケースで言葉を探し求めることになります。自分の思ったこと、感じたことを、何かの言葉で言い表そうとする。ここで、頭を悩ませることになるのです。

そしてここで、見つけようとする言葉で象徴的なものが「形容詞」です。この「形容詞」もまた、文章を書けなくしている大きな要因だと思っています。これは、私自身もそうでした。

うまい文章を書かないといけない、文章とは見事で気の利いた形容がちりばめられたもの、とばかり思い込んでいたからです。そうすると、形容する言葉を見つけないといけない。まさにこれが、かつて私が一日三〇〇字しか書けなかった要因だったのです。

今の私の文章術のルールのひとつに、これがあります。

「できるだけ、形容詞を使わない」

二つ理由があって、ひとつは形容詞を思いつくのに時間がかかること。もうひとつが、

形容詞は実は読み手に伝わりにくいことです。

例えば、真冬の北海道に行って、とにかく寒い思いをした、と感想を書くとすれば、どう書けばよいでしょうか。

真っ先に思い浮かぶのは、「寒かった」「とても寒かった」という形容詞でしょう。一歩、踏み込んで「極寒の」とか「厳寒の」などの形容もあるかもしれません。しかし、そんな形容をするより、こう書いてみたらどうでしょうか。

「手元の温度計は、マイナス二〇度を指していた」

これでもいいかもしれません。

「窓の外の軒に垂れ下がっているツララは、長さが三〇センチ近くにもなっていた」

これだったらどうでしょう。

「ドアを開けた瞬間、子どものほっぺたが見る見る赤くなっていった」

どうでしょうか。「とても寒い」と書くよりも、圧倒的に「とても寒い」が伝わったのではないでしょうか。

長く書く仕事をしてきて感じるのは、形容詞の限界です。そんなことよりも、素材＝「事実」「数字」「エピソード」を伝えたほうが、よほど、相手に伝えられるのです。

しかも、「形容詞を使わない」と決めた瞬間に、「事実」「数字」「エピソード」に目が向かうようになります。形容詞が使えないので、形容する代わりの「素材」を探し始めるのです。「事実」「数字」「エピソード」のほうが、形容詞よりも、よほど読み手に伝わりやすいからです。

これは、「大きい」も「美しい」も「楽しい」も同じです。形容詞を使わないと決めると、「事実」「数字」「エピソード」に目が向かいます。それはそのまま、文章の素材になります。一気に文章は書きやすくなります。

もとより「形容詞」というのは、「読み手の感想」だということに、私は気づいていきました。「ああ、寒かったんだな」「ああ、大きかったんだな」「ああ、美しかったんだな」……。そんなふうに、読み手が感じること。それこそが形容詞なのです。なのに、これを書き手が文章で先に言ってしまったら、興ざめもいいところです。

書き手がやるべきは、そんなふうに読み手に思ってもらえるよう、「事実」「数字」「エピソード」を提示することです。それだけで、読み手はわかるはずですから。「事実」「数字」「エピソード」を読んでもらって、読み手が感想を持てばいいのです。それを、こちらが先に言ってしまってどうするか。

このことに気づいてから、いわゆる小学生の作文がなぜ幼稚なのか、わかりました。

「太郎君と遊んだ。楽しかった」

「次郎君と遠足で話した。面白かった」

「三郎君と海に行った。きれいだった」

形容詞を書いてしまっている、ということです。だから、文章が幼稚になってしまうのです。これは、大人の文章でも起こりうる事態です。

だから、親御さんたちは、小学校の授業参観の感想文で苦しまれていたのだと思います。おかしな形容詞など出してしまったら、文章が一気に幼稚になりますから。

必要なのは、「事実」「数字」「エピソード」でした。形容する言葉は必要ないのです。それは、感想文を読む先生が感じることです。書き手が書いてはいけないのです。そして、そう感じてもらうだけの「事実」「数字」「エピソード」をこそ、書き手は見つける必要があるのです。

ちなみに、小学生の子どもの作文力を高める方法があります。それは、形容詞を使わないようにしてあげることです。子どもにインタビューしてあげるといいのです。

「何が楽しかったの?」「どう楽しかったの?」「どんなことがあったの?」「何を聞いた

の?」「何を話したの?」……。

それを具体的に聞いて、そのまま書けばいい。読む先生には「ああ、太郎君、楽しかったんだね」ということが伝わります。

繰り返します。**求められるのは、「事実」「数字」「エピソード」なのです。**

第二章のポイント

⑥一流の作家の真似をしてはいけない
⑦文章は「何からできているのか」に気づく
⑧「素材=事実、数字、エピソード」をしっかり集める
⑨五感で捉えたもの、すべてが「取材」になる
⑩大事なことは、「メモ」を取ること
⑪形容詞を使わない

第三章

「文章」を書こうとしない。話すように書く

――書くのが苦しくなくなる方法

†起承転結なんていらない。話すように書く

文章を書く際の「素材」は、「事実」「数字」「エピソード」だと書きましたが、それは取材だったり、五感で捉えたりしないといけないのか、というと必ずしもそうではありません。

文章の「素材」の見つけ方、集め方としてもうひとつ、とても有用なものがあります。それは、「資料にあたる」ことです。端的にいえば、調べ物です。図書館でも、新聞社でも、**最近ではインターネットでも資料にあたれます。これも、そのまま素材になりえます。**

例えば、先に紹介したフリーマガジン『R25』に私が書いて、高い評価を得て社内アワードで金賞をいただいた文章があります。二〇代の人向けの八〇〇字ほどの文章です。経済・経営に関わる内容ですが、ご紹介してみましょう。

営業利益と経常利益と純利益、どれが一番大きい？

ひとくちに利益といっても、実はいろいろあったりする。営業利益、経常利益、純利益。三つの利益の違い、すぐに出てきます？

まずは営業利益。これは、企業の売上高から「原価」と人件費、オフィス費、広告費などの「販管費および一般管理費」を差し引いて計算される。要するに本業で稼いだ利益はどうなっているのかを見るもの。

続いて経常利益。企業の利益は、実は本業だけであげられているわけではない。持っている現金資産が利息を生んでくれたり、株式が配当金を、不動産が賃貸収入を生んでくれたり。逆に損失もある。それが営業外損益。経常利益は、本業で稼いだ営業利益に、そうした営業外損益を加えたもの。会社の実質的な利益を見るもの。

そして純利益。これは当期利益、当期純利益と呼ばれることもある。まずは経常利益から特別損益（特損／何らかの理由によって固定資産を売却することになった場合の損益や災害による損益など）を引いた税引前純利益を出し、そこから法人税・法人住民税など法人にかかる税金を差し引いたものが純利益となる。純利益とは、何もかも払ったうえでの最終的な、その期の会社の利益ということになる。

要するに本業の利益を見るなら営業利益、会社としての利益を見るなら経常利益、その期の最終利益、結局いくら儲かったかを見るのが純利益なのだ。ただ、難しいのは、利益ってどれか一つを見ればいいわけではないということ。経常利益が少なくて本業でちっとも儲かっていないなら問題。逆に営業利益は多くても、実は借金まみれで金利の支払いが多くて経常利益に影響しているのも問題。営業利益も経常利益もいいのに、なんだかとてつもない特損で純利益が激減しているのも問題。利益は三つとも見て初めて見えてくるものがあるのだ。

ちなみに新聞で見る利益は、多くが経常利益。できればそこからもう一歩踏み込んで、利益は調べておきたい。

私は経済の専門家ではありません。では、この内容をどこから持ってきたのかといえば、インターネットです。ネット上で調べたものをいくつか組み合わせ、この文章はできあがっています。

もちろん、正しい情報かどうかの確認は必要ですが、こうして調べ物をして、それを「事実」「数字」「エピソード」という素材にして、文章を書くこともできます。今は、本当にありがたい時代です。

そしてもうひとつ、この文章をもう一度ざっと見ていただきたいのですが、いわゆる文章の構成のセオリー、「起承転結」のようなものにはなっていない、ということにお気づきいただけると思います。

それは当然で、起承転結のようなセオリーを、私はまったく意識していないからです。意識したこともありませんし、必要だとも思っていません。

むしろ、そういうセオリーにとらわれることが、文章を書くことを苦しくしたり、書き進められなくしたりしているのだと感じています。

†話して伝えるとすれば、どうやって伝えるか

起承転結を考えていないのなら、どうやって文章の構成を考えているのか。よく聞かれることですが、私の答えはシンプルです。それは、「もし目の前のいる人に、話して伝えるとすれば、どうやって伝えるか」ということです。

何度も書いていますが、文章は情報の伝達ツールに過ぎません。実は、話すことも、情報の伝達ツールです。双方ともに、情報の伝達ツールであることには変わりがない。なのになぜ、文章になった途端、起承転結を考えなければいけないのでしょうか。小学校のときは、文章を起承転結にすることがひとつの教育でした。それをやらなければ、点がもらえなかった。だから、起承転結が求められた。

大人のコミュニケーションは、教育ではありません。文章は情報伝達のツールの一つなのです。ならば、話して伝えることと何ら変わりがないのではないか、と私は思うわけです。

なのに「文章」になった途端、「こんなふうにしないといけないのではないか」「うまく書かないといけないのではないか」「ルールをしっかり守らないといけないのではないか」と考えてしまう。これもまた呪縛ではないでしょうか。

実際のところ、私は文章のセオリーのようなものをまったく気にしていませんが、こうして三〇年近くにわたって文章を書くことで食べています。もし、セオリーのようなものが絶対的なものであるなら、これはおかしいでしょう。

そんなことは、関係がないのです。もっと肩の力を抜いて、文章と付き合えばいいのです。私はこれを『「文章」を書こうとしない』という言葉で表現しています。

「文章とはこういうもの」
「こんなふうにしないといけない」
「うまい文章を書かないと」

といった「文章」というものが持っている固定のイメージを捨て去ってしまうことです。実際、そんなものはいらないのです。なくても、文章は書けるのです。

では、どうやって文章を構成していくのか。それが、「もし目の前のいる人に話して伝えるとすれば、どうやって伝えるか」なのです。

ぜひ振り返ってみていただきたいのですが、人は誰かを目の前にして、何かについて語るとき、意外に論理的に語っていたりします。

まずは、こういう話をして、それからこういう話をして、それでこういう話をすればいいよな……。こういうことを、ごく自然にやっている人がほとんどなのです。

それは当然で、子どもの頃から、誰かと会話するときには当然のようにこれをやってきたから。なぜなら、そうでないと、相手は話を理解してくれないからです。それをずっと訓練してきたのです。

だから、話すつもりで考えればいい。実際、先に紹介した『R25』の文章も、話すようにして構成を考えています。

・企業の利益には三つある
・それぞれの利益は「要するに」何か
・利益は三つとも見て初めてわかる

・新聞で見る利益は多くが経常利益

それをそのまま、インターネットで調べた資料をもとに書き上げていった、というだけなのです（実際には調べた内容が先で、後で構成を考えていますが）。

実は私は実際に書くときも、「話すように書く」ことを心がけています。もちろん話し言葉の口語体で書け、というわけではありませんが、実際にしゃべりながら書いていることもあります。文章はこれでいいのです。難しく考える必要はない。話すつもりで構成を考え、話すつもりで書けばいいのです。コミュニケーションのツールなのですから。

どうにも、多くの人が、文章を難しく考え過ぎているのです。

†「誰に」読んでもらいたいか、を先にイメージする

書くのは好きではないが、話すのなら嫌いではない、と語る人は少なくありません。ならば、話すつもりで、ぜひ書いてみてもらえたら、と思います。

「文章にせねば」と思うから肩に力が入ってしまう。でも、そんな必要はないのです。話すつもりで、文章も書けばいいのです。

話すのは苦手だ、という人もいますが、話すつもりで考えることは、それほど難しくないのではないか、とも思います。

大事なことは「この人にこの話を伝えるには、どうすれば最もわかりやすいか」を考えることです。それは、常にみなさんがお考えのことなのではないでしょうか。

そして、話すように構成し、書き上げるとき、ひとつ大事なことがあります。それは、「誰に」という読み手＝メイン読者を定めることです。

先にも書いたように、「誰に」読んでもらいたいか、が決まっていない文章は、「暗闇の中、誰が座っているかわからない会場で講演するようなもの」だからです。

実際には、「誰に」がイメージできていないと、話すように文章を考えることはできなくなります。例えば、「電気自動車とは何か」というテーマについて文章を書くことになったとしましょう。

小学生に向かって話をするつもりで書くのと、四〇代のビジネスパーソンに向かって話をするつもりで書くのとでは、内容はずいぶん変わってくるのではないでしょうか。

ビジネスパーソンなら、電気自動車について、それなりの知識を持っているはずです。ましてや四〇代、働き盛りともなれば、新聞等で確実にその存在を認知しているでしょう。

一方で、小学生は電気自動車について語る前に、そもそも自動車とは何か、というところから始めてあげたほうが親切かもしれません。

となると、四〇代のビジネスパーソンと小学生、「誰に」がどちらになるかで、どのように語っていくか、何を書いていくかは変わるということが、おわかりいただけるでしょう。

もっといえば、四〇代のビジネスパーソンと一口にいっても、どんなところにいるどういう人か、によって同じ「電気自動車とは何か」を語るにも、内容が変わっていくこともご想像いただけるはずです。

自動車メーカーに勤めている人に電気自動車を語るのと、銀行に勤めている人に語るのとでは、違うものになる。

逆にいえば、「誰に」をはっきりさせればさせるほど、「電気自動車とは何か」の内容が見えてきます。これこそが、「誰に」＝読み手＝メイン読者を定めることの大きな利点なのです。

一方で「誰に」がはっきりしていないと、どうしても内容はぼんやりしたものになってしまう。**それこそ先にも触れたように「世間一般」への発信ということになってしまいます。**もし、「世間一般」に向かって、「電気自動車とは何か」話してくれ、と言われたら、困ってしまう人も少なくないのではないでしょうか。どこからどう話していいのか、とても難しいからです。

何度も書きますが、文章は情報の伝達手段です。ということは、情報の受け手がいなければなりません。そして受け手に、情報を受け取ってもらって喜んでもらう（驚いてもらったり、共感してもらったりする）ことこそが、文章を書く理由になるはずです。

となれば、情報を受け取る相手を理解する必要があります。これこそ、メイン読者です。メイン読者が誰か、はっきりしていないのに、喜ばせることは難しいのではないでしょうか。老若男女すべて、どんな会社に勤めている人も、すでにリタイヤした人も、あらゆる人に喜んでもらえる情報というのは、そうそうあるものではないのです。

先に、「忙しい時間を割いて読んでもらうのだから、ベネフィットがなければいけない」と書きましたが、読み手が誰か定まっていないのに、その人のベネフィットを見つけることは難しいはずです。

そうはいっても、架空の「読み手」は想像できない、という方もおられるでしょう。そこで私が勧めるのは、「周囲で似ている人をイメージしてみる」ことです。

かつて手がけた週刊誌の連載インタビュー集シリーズが四〇万部を超えるヒットになっ

たことがありましたが、私は登場するインタビュー相手ごとに「誰に」を変えていました。

例えば、楽天の三木谷浩史さんと笑福亭鶴瓶さんとでは、興味を持つ「誰に」は変わると思ったからです。「誰に」は、大学時代の友人を中心にイメージしました。「あいつにこの話を聞かせてやりたい」と考えたら、とてもスムーズに書けました。しかも、連載時代から高い支持を受けることになりました。想定した「誰に」に似た人たちが、強く支持してくれたのです。実際、彼らに向けて書いていたからです。

なんとなく世間一般に向けて書くのではなく、「誰に」を決めて書くことの強さを知った仕事でもありました。

†文章を書くためには「真の目的」が実はある、ことを知る

話すように書いていくとき、「誰に」と並んで、もうひとつ大事にしてほしいことがあります。それが、「何のために」です。言葉を変えると、書く目的をはっきりさせる、ということです。

文章を書くのだから、目的は文章を書くことだろう、と思ってしまわれがちなのですが、文章を書くことは目的ではありません。何度も書いているように、文章は情報を伝達する

ためのツールでしかないからです。文章を書く目的は、書くことそれ自体にあるわけではなくて、「誰か」に対して伝えることにあるはずなのです。目的は、文章を読む人にそのときどきに必要な情報を届けること、です。

出張のレポートを書く。お客さまにメールを送る。商品のPR文を書く。ウェブの記事を書く。議事録を作る。社内報にエッセイを書く。ブログに思ったことを書く……。

こうした「目的」をまずは意識しなければなりません。しかし、私はこうした「目的」だけをイメージしていても、文章はうまく書き進められない、と思っています。

注目しなければいけないのは、「真の目的」だからです。レポートしかり、メールしかり、エッセイしかり、これは書く前からわかっている「目的」。これを私は「表面上の目的」と呼んでいます。

表面上の目的がなければ、そもそも文章を書くことは求められない、ともいえます。「何のためにこの文章を書くか」です。しかし、ここからさらに掘り下げて考えてみるのです。これが「真の目的」です。

例えば、メールを送るにしてもいろいろなメールがあります。「挨拶のメール」なのか、「提案のメール」なのか、「謝罪のメール」なのか。それによって、メールの内容は変わってくるはずです。

「その文章を読んだ人に、どんなふうに感じてもらいたいか」

これこそが、「真の目的」です。「文章の読後感」と言い換えてもいいかもしれません。文章を書いたとき、「読者にこれを知ってほしい」「読者にこんなふうに思ってほしい」というものがあるはずなのです。これこそが、「真の目的」です。

文章を書くときやってしまいがちなのは、この「真の目的」をイメージできていないことです。結果として、何のために文章を書いているのかわからなくなってしまう。

例えば、電車内で見かけた小さなエピソードを文章にしたとする。その文章を書き、誰かに読んでもらったとき、「読んだ人にはこんなふうに思ってほしい」という目的があるはずなのです。うれしい共感なのか、怒りをぶつけることなのか、呆れてもらうことなのか。

ところが、エピソードを書くことに夢中になって、「真の目的」が忘れ去られてしまうことが少なくないのです。

逆に、「真の目的」がはっきりしていると、文章は極めて書きやすくなります。メールにしても、何のためにメールを書いているのかわかれば、結論から始めてさっさと書ける。

小さなエピソードを文章にするときも、「真の目的」を頭に描きながら書くのと、何のために書いているのか、ぼんやりしたまま書くのとでは、書きやすさが断然、変わってくることがご想像いただけるのではないでしょうか。ところが、「真の目的」を定めずに、つい書き始めてしまうケースが少なくないのです。

例えば、出張のレポートひとつにしても、目的があるのです。「自社の業務改善に活かすためのヒントを手に入れるため」かもしれないし、「そこで働く従業員の不満を知らせること」かもしれない。

「真の目的」なんて面倒だな、と思われるかもしれませんが、「真の目的」あるいは「読み手の読後感」を意識して書き進めることができれば、文章はグッと楽に書けるようになります。

目的がはっきりするので、何を書けばいいのか、がはっきり見えてくるのです。

†文章の「素材」が適切に見つけられる方法

文章は「素材」でできている、と書きましたが、「誰に」と「真の目的」を意識しておくと、**何が起きるのかというと、文章の「素材」を適切に選ぶことができるようになるのです。**

逆にいうと、「誰に」と「真の目的」がちゃんと意識されていないと、ピント外れの文章素材を使ってしまうようなことになりかねない、ということです。

どんな「素材」を使えばいいのか、つまり、どういう文章の内容にすればいいのか、「誰に」と「真の目的」があれば、うまく導き出すことができるのです。

私が「誰に」の重要性に気づいたのは、求人広告のコピーライター時代でした。分厚い求人誌の中に掲載される広告で、読者に目を留めてもらうには、漠然と情報を送り込むのではなく、「誰に」を絞り込んで、その人が魅力に感じる情報をピックアップするしかない、と考えるようになっていきました。

例えば、「朝の始業が一〇時から」という会社。早起きの人には、何も感じられないかもしれませんが、朝が苦手な人にとっては、「朝一〇時から」というのは、大きな魅力なのです。

しかし、「朝が苦手な人」という「誰に」の設定ができなければ、その魅力は設計できません。「朝一〇時」というワードを全面に出す、という選択もしないでしょう。それでは、会社に応募してもらうという目的は達せられません。

一方、「真の目的」の重要性に気づいたのが、歌手・福山雅治さんのインタビュー記事を担当したときでした。媒体は週刊誌の『週刊現代』。

『週刊現代』の読者層は、六〇代が中心です。もし、普通にインタビュー記事を書くとすれば、六〇代のターゲットに向けて「人生まだまだこれから」といったテーマで、元気づけるようなメッセージの記事を作ったと思います。

実際、過去にも同じようなテーマのインタビューをたくさんしていました。

ところがこのとき、記事の依頼者にしっかり確認をしてみると、こう言われたのです。

「今回は六〇代読者に向けてではなく、四〇代の新しい読者の獲得に結びつけたい」

「福山さんと同年代の、四〇代を応援するような記事にしてほしい」

六〇代向けと四〇代向けでは、インタビューでどんな話を聞くか、かなり変わります。

もし、きちんと依頼者に確認をしていなかったら、当たり前のように六〇代向けの記事を書いてしまったはずです。そうなれば、依頼者が求めているような取材も原稿も作れなかったでしょう。

このとき、改めて「真の目的」の重要性を知ったのでした。そして「誰に」のみならず「真の目的」を理解することで、より文章が書きやすくなり、より「素材」も選びやすくなることにも気づいたのです。

わかりやすい話をしましょう。よく講演等で例題としてお話するのは、こんな実例です。

【文章テーマ】化粧品

化粧品について書いてください、と言われたとします。しかし、化粧品というだけでは、あまりに漠然としています。

では、「誰に」と「真の目的」をこんな組み合わせにしてみたら、どうなるでしょうか。

・二〇代女性に向けて↓「アレルギーの啓蒙」
・高校生に向けて↓「五分でワンポイントメイク」
・小学生に向けて↓「化粧品のお仕事」

いかがでしょうか。こんなふうに「誰に」と「真の目的」を組み合わせることができれば、文章を書く際の素材がグッと考えやすくなることが、おわかりいただけたと思います。

このテーマで、インターネットで検索してみれば、たくさんの情報が手に入ると思います。素材とは「事実」「数字」「エピソード」とはすでに書いたことですが、手元に資料やデータがなくても、インターネットで調べたり、参考文献をさっそく当たったりすることができます。

しかし、「誰に」も「真の目的」もなければ、どこから手をつけていいか、まったくわからないのです。

だから、「誰に」と「真の目的」を整理するところから、始めることが大切なのです。

†「素材」について頭を巡らせる時間を確保する

一方、書くのが苦しくなったり、なかなか書き進められなかったりする要因のひとつに間違いなく挙げられるものがあります。

それは、「素材」がそもそも足りていないことです。そして、先の授業参観の感想文ではありませんが、**「素材」が足りないのに、「形容詞」を見つけようとしたり、気の利いた言い回しを見つけようとしたりして、時間がどんどん経ってしまうわけです。**

こういうケースでは、例えば手書きなら、原稿用紙のマス目を埋めなければいけない、ということが大きなストレスになったりします。マス目が大変な量に見えてくるのです。

どうしてこれがわかるのかといえば、かつての私がそうだったからです。コピーライターの仕事は短い文章からスタートしましたから、たくさんの文章を書かなければいけない、となると、「うわぁ、一〇〇〇字もどうしよう」と、それだけで大きなプレッシャーでした。

しかし、今はまったくそんなことはありません。むしろ、どうやって文章を削ろうか、とそちらのほうがストレスなくらいです。

一〇〇〇文字の原稿では、短すぎるくらいの印象です。三〇〇〇字、五〇〇〇字と聞いても、「長い」とは思いません。それこそ、毎月一〇万字以上の書籍の原稿を書いていますので、なんてことはありません。

ちなみにひとつ余談ですが、本一冊で一〇万字というと、「うわぁ、やっぱり本なんて無理！」と思われる方も少なくないようです。しかし、毎月本を書いている私とて、一気に一〇万字を書けるわけではないし、そんなことはしません。

よく私が申し上げるのは、二〇〇〇字のコラムが五〇個あれば一冊、ということです。要するに二〇〇〇字の原稿が五〇あれば、一〇万字なのです。だから、まずは五〇の要素をピックアップすればいい。それを、順番に書き上げていけばいいのです。

この本も、そのようにしてできています。まずは要素をどんどん出していって、六つの章立てにし、それぞれの章の中身を整えていき、約五〇のテーマができたところで、書き始めました。だいたい一日一〇ずつ書いて、五日で一冊書く。そんなイメージです。

では、その文章の「素材」をどうしているのか。雑誌記事の場合は、ほとんどが取材でカバーしていますが、本書のような「スキル本」の場合には、自分で「素材」を調達しないといけないわけですが、方法論はこれまた極めてシンプルです。

パソコンの前に座ってウンウン考えない、ということです。また、一度にすべての「素材」を準備しようとしない。さらに、思いついたことをしっかりメモすること、です。

文章を書くことが得意で好きな人を除けば、文章の「素材」が書きながらスラスラと出てくる、なんてことはまずないと思ったほうがいいと思います。少なくともやらなければいけないのは、「素材」について頭を巡らせる時間を確保する、ということなのです。

そしてそれは、たくさんあればあっただけいい。時間も、日数も、です。パソコンの前に座って一度にいきなり考えようとしても、なかなか難しいのです。

お勧めするのは、「誰に」と「真の目的」が定まったら、すぐにでも「素材」探しをスタートさせることです。これは取材で聞いたことですが、「これをやらなきゃ」と決めておくと、脳は勝手に考えてくれるのだそうです。

そして、思いついたことを、どんどんメモしていくことが大切です。私の場合は、不思議なことに、電車の中でよくいろんなことが浮かびます。しかも、ランダムにいろんなことが浮かんでくるのです。なので、それをメモしていく。

面白いのは、ある程度、文章の「素材」が貯まってくると、それを眺めているうちに「あ、これもあるな」「お、これもだ」と、次々に「素材」が浮かんでくることが少なくないことです。

これを私は、「一人連想ゲーム」と呼んでいます。おそらく、出てきた「素材」を眺めているうちに、連想して他の「素材」がピックアップされていくのだと思うのです。

なので、メモを取っているスマートフォンのメールの下書きは、それぞれの原稿のテーマごとに分けています（一度に、いろんな仕事が進んでいくからです）。その都度、テーマごとに浮かんだ「素材」を放り込んでいきます。

それこそ、先に紹介した小学校の授業参観では、まさにこれをやっていたわけです。いつも「取材」しているかのように、五感で捉えたことをすべてメモしていきました。

同じように「**誰に**」と「**真の目的**」**が定まったら、五感で捉えるとよいと思います。**「**聞いたこと**」**はもちろん、**「**見たこと**」**や空気感などもすべて文章の**「**素材**」**にできるのです。**

このとき、できるだけ具体的に書いておくと、「素材」としてより使えます。例えば、見たことでも、テーブルや床は何色だったか、壁にはどんなものが貼られていたか、どんな調度品が置かれていたか……。それはそのまま「事実」「数字」「エピソード」として使えるからです。過去の出来事やエピソードの場合は、過去の写真や資料をあたったり、頑張ってできるだけ思い出したりします。

多くのケースで、読み手は書き手と同じ場所を体験していません。ならば、疑似体験できるくらいに詳しく書いてあげることができれば、よりイメージを膨らませてもらうことができます。そのためにこそ、「素材」はあるのです。

したがって、「素材」はできるだけたくさんあったほうがいい。最終的に、すべての「素材」を使わないかもしれませんが、とにかくたくさん出すのです。そうすることで、「書き進められない」「表現を考えないといけない」「マス目が埋まらない」恐怖もなくなるのです。

✝どういう流れにしていくか、面倒でも書き出す

「素材」をたくさん集めることができたら、あとは文章をどう構成していくか、を考えます。このとき、私がいつもやっているのが、先にも書いたように、「話して伝えるなら、どういう順番で伝えるか」です。

講演などでは、「カフェで目の前にメイン読者が座っているとして、集まった素材を使ってどんなふうに伝えますか」とお話ししています。「誰に」と「真の目的」を意識して、「素材」をチョイスしていきます。あとは、話すつもりで並べ替えていくだけ、です。そのくらいの意識で取り組んだらいいと、私は思っています。

ここで「文章なんだから」と肩に力が入ると、やっかいなことになります。先にも触れた「文章のようなもの」を書こうとしてしまって、大きな混乱に見舞われたりします。実際、書きながら何を書いているのか、わからなくなってしまったり、「文章のようなもの」にこだわりすぎて、構成が破綻してしまったりする。

そんなことより、話すつもりで構成すればいいのです。それで十分なのです。なぜなら、話すのも、文章も、情報伝達のツールとしては同じだから。どうしてわざわざ、「文章」だからと難しいことをしなければならないのでしょうか。

そこでひとつ、大事なことがあります。それは面倒でも、出した素材を一度「見える化」することです。スマートフォンにメモしたのであれば、一覧できるようにしてみる。面倒かもしれませんが、手書きで書き出してみるのもひとつの方法です。

コピーライター時代、長い文章を書くようになったとき、よく手書きで構成要素を書き出していました。そしてそれをどんな展開にしていくのか、一枚の紙にメモしていったのです。

例えば、こんな具合です。

会社は工場街・大田区にある

←

でも、工場は五年前に新設

←

最新鋭の機械も入っている

←

先代から事業を引き継いだ社長

←

人を大切にすることを何よりも教わったと語る

←

そのために工場も作り替えた
↓
この五年間、離職者はゼロ
↓
未経験者でも学べる

こんなふうにして、ストーリーを流れにして書いてみる。そうすることで、とても書きやすくなります。

書き出すなんて手間がかかる、と思われるかもしれませんが、こうして流れを書いたほうが、圧倒的に速く書けます。実は今でも、こんなふうに流れを手書きで書いて、原稿を作ることも少なくありません。

そしてこの流れも、「もしメイン読者が目の前にいるなら、どんな展開にするか」を考えて作ったものです。話すつもりで、考えています（だから、起承転結になっていません）。**そのほうが、話は早いから、そして、簡単に構成が思い浮かぶからです。**

文章でひとつだけ違うのは、「書き出し」というものがあることです。これだけは別で考えますが、この話は後に詳しく書きます。

†日常の会話レベルで十分。難しい語彙などいらない

話すように構成したら、あとは「素材」を使って、話すように書いていきます。ここで重要なポイントは、「話す」レベルの言葉で十分だ、ということです。

最近では、語彙の本などがとても売れていて、自分の語彙を増やすことに関心を持っている人が少なくないようですが、私にはまったく関心がありません。

むしろ、人があまり使わないような語彙を知ってしまい、文章で使いたくなってしまうことのほうが、マイナス効果を生んでしまうと思っています。

なぜなら、読み手である「誰に」がその語彙を知らないリスクが高くなるから。もちろん「誰に」が難しい語彙をよく知っていそうなら別ですが、多くの場合はそうではないと思います。

なのに、例えば難しい語彙を使ってしまったら、どうなるか。読み手は理解ができなくなります。読み手に理解してもらえない文章に、いったい何の意味があるのでしょうか。

「お、この人はこんな立派な語彙も知っているんだな」

と思ってもらえるかもしれませんが、だから尊敬されるとか、すごい人だと思われることはない、と私は思っています。**逆に、「こんな、人が使わないような語彙を、わざわざ文章で使って、中身を難しくして」「難しい言葉を使って、背伸びしたいのか」と呆れられることすらあるのではないか、と思います。**

実際、読み手として理解ができなくて困ってしまっているわけですから、こんなふうに思われてしまっても仕方がない。

そんな特殊な語彙を使いこなさないでも、日常的にいつも使っている平易な言葉で十分なのです。三〇年近く、文章を書くことで仕事をしている私ですが、ここまで読まれてきて、難しい言葉があったでしょうか。

今回は「大人の」とタイトルについていますので、「誰に」をその設定にしています。特に中高年、きっとこの世代の方ならわかるだろう、という言葉を使ったりはしていますが、あとは普通の話し言葉レベルであることがおわかりいただけたと思います。

これでいいのです。何度も何度も繰り返しになりますが、文章は情報伝達のツールでしかないのです。大事なことは、情報の内容を伝えることです。「誰に」向けての文章なのかを定め、読み手のベネフィットをはっきりさせ、「真の目的」は何かを明確にすることです。

そのためには難しい語彙など、必要ないことがわかります。

「この人の文章は素晴らしい」
「この文章は美しい」
「なんとも素敵な文章を書く」

などと、文章を褒めてもらうことが目的なのであれば、話は別です。そうであるなら、そもそも本書は適切ではありません。しかし、そうなるには天賦の才が必要になることは、先にも書いた通りです。

そして、背伸びをして「うまく見える言葉」を使うこともお勧めしません。よくあるのが、新聞のコラムや経済雑誌などでよく使われる、いわゆる慣用句です。「危険をはらむ」「警鐘を鳴らす」「熱気に包まれた」……。こうした言葉を私は「手垢のついた言葉」と呼んでいます。

なぜなら、なんだか、よくわからない言葉だから。わかったようで、わからないから。当たり前のように使われているから。そして、こうした言葉が一つあるだけで、文章の新鮮味が一気に薄れてしまうから。なんだか、どこかから借りてきた、借り物の文章に見えてしまうからです。

あれは、新聞や経済雑誌の中で、新聞記者というプロが書いているから普通に読めるのです。それがメディア以外のところに出てくると、どうにも居心地が良くないのです。

同様に、**新聞の一面の下段にあるコラム。朝日新聞の「天声人語」が有名ですが、あれを文章のお手本にすることもお勧めしません。**

あのコラムの文章を否定するつもりはまったくありません。むしろ、「すごいなあ」と思って私も読むことがあります。しかし、これもまた「天賦の才」なのではないかと思います。それだけの文章力や知性、教養が必要な文章です。

しかし、あんな文章がもし、抜き出されてインターネットの個人のSNSに出てきたら、どうなるか、想像してみてください。天下国家を語り、社会を憂えていることも少なくありませんが、なんとも大上段です。

どうにも浮いて見えると私は思うのです。あれは、新聞の一面のあの場所にあるからこそ、落ち着いて読めるのです（これは、新聞記者の方がおっしゃられていました）。

もし、普通の人があのコラムを真似て、同じような語彙を使って、それこそ慣用句も使いながらブログを書いたら、読み手にとって相当に違和感があると思います。

「この人は、どうしちゃったんだろう」

と思われても、おかしくない。それは、普通の人の文章としてふさわしくないからです。

それでも、あのような格調高い文章を目指したい、ということなら別ですが、もっと普通の文章でいい、というのが私の見解です。何かを誰かに伝えたい、という目的なら、もっとわかりやすくて読みやすい文章でいいのです。

そうすれば、書くことも苦しくなくなります。速く書けるようになります。

何より「誰に」読んで喜んでもらうことをイメージしながら、楽しく書けるようになります。私はそれこそが、文章を書く楽しみ、だと思うのです。

第三章のポイント

⑫話すように書く
⑬「誰に」読んでもらいたいか、を先にイメージする
⑭「真の目的」は何か、をはっきりさせる
⑮ストーリーの「流れ」を書き出す
⑯難しい言葉は使わない

第四章

「相場観」を理解すれば、ネタはいくらでも見つかる

——空気の読めた「大人の文章」を書くために

†「ピント外れ」の文章を書いてしまわないために

「誰に」とか「真の目的」とか、そんな面倒なことを考えなくても……と、お感じになっている方もおられるかもしれません。

もともと文章は、書こうと思えば、ご本人さえ嫌でなければ、いくらでも書けるものです。よけいなことを考えずとも、書けてしまう。

しかし、これがまたひとつの盲点だと私は思っています。**誰でも書けてしまえるから、大きな落とし穴が待ち構えているのです。それが、「ピント外れの文章を書いてしまう」という落とし穴です。**

読んでいる人から見て、「なんだこれは?」「何が言いたいんだ」「どうしてこんなことを書くのか」と思われてしまうようなことが起きる、ということです。

できれば、そういうことは避けたい、と思われている方が多いのではないでしょうか。誰でも、読んでいる人から、支持されるような文章を書きたいのではないかと思うのです。

私は仕事で文章を書いていますので、もし「ピント外れ」をやってしまったら、もう次の依頼はないでしょう。確実に編集者や読者から支持されるものを作っていかないといけない。

長く書く仕事をしていて、やがてそれが常にできるよう、ひとつの方法論を確立するに至ったのでした。私はこれを「相場観を持って書く」と呼んでいます。

端的にいえば、周辺状況や書く場所、社会情勢などを把握した上で、文章を書いていくための考え方、とでも言えると思います。「誰に」や「真の目的」も、相場観を自分の中で形作っていく上での、重要な要素になります。

そして逆に相場観をしっかり持っておけば、「何を書くべきなのか」という「素材」の選定にも活かすことができます。

相場観の存在に気が付いたのは、コピーライター時代でした。何度も登場している分厚い求人雑誌の話ですが、毎週刊行されていた雑誌には「特集」が設けられていたのです。例えば、「営業特集」。営業職の募集をしている会社が、求人広告を出すわけですが、営業志望の読者にはわかりやすい特集でした。

また例えば、「元気な会社特集」。今でいえば、伸び盛りのベンチャーのような企業があてはまりそうです。若くてイキの良い会社が求人を出している特集です。そうした会社に興味がある人は、それが集中的に掲載されている特集は魅力的でしょう。

このとき、広告の作り手であるコピーライターは気を付けなければなりませんでした。例えば、「営業特集」に入る広告に、「営業職を募集している」ことをアピールしても、なんの魅力にもならないわけです。営業職を募集している、という前提で別の魅力を出さないといけない。あるいは、営業職としての差別化を訴えないといけない。つまり、どこに掲載されるのか、をしっかり理解しておかないといけない、ということです。

一方で、「元気な会社特集」では、「伸び盛りである」ということをアピールしても、読者はそんなことはわかっています。別の魅力を見つけてくる必要があります。

こんなふうに、読者に何を語ってあげないといけないのか、は文章が書かれる場所という周辺状況によって変わってくる、ということに気が付いたのです。それをわかった上で設計してあげないと、「営業特集」で営業職募集であることをアピールしてしまったり、「元気な会社特集」で伸び盛りの会社であることをアピールしてしまったり、というピント外れが起こるわけです。

逆に、営業職特集で「伸び盛りの会社だ」とアピールすることは有効です。また、「元気な会社特集」で「営業職を募集している」ということも有効です。**どんな場所で文章を書くか、によって、実は求められる「素材」、読者に響く「素材」は変わってくる、とい**

うことなのです。

そしてこれは、求人雑誌に限らなかったことに、後に気づいていくことになります。

†「書く対象」「書く場所」「社会の情勢」を意識する

例えば、私はインタビューしたこともありますが、お笑いタレント「爆笑問題」の太田光《ひかり》さんについて文章を書くとしましょう。

太田さんはとても有名な方ですが、一〇年前と今とでは、世の中からの見方が違っている、ということを気づかれている方も少なくないと思います。

一〇年前は、人気のお笑いタレントの一人でした。世の中から、そのように見られていました。ところが、やがて政治的な発言をしたり、政治に関わる本を書いたりし始めたのです。

そうすると、テレビに登場する番組も、お笑いと硬派を混ぜたものへと変わっていきました。政治家や評論家と共演するようになったりしました。

この一〇年で、太田さんに対する世の中の見方が変わったのです。にもかかわらず、太田さんについて「人気のお笑いタレントの一人」のつもりで文章を書いてしまったとしたら、どうでしょうか。

読んでいる人が、「太田さんはお笑いタレントにとどまらず、政治家などとも話せるタレントだ」と思っていたとしたら、「一人のお笑いタレント」としての文章は、ピント外れなものになってしまいます。

難しいのは、一〇年前ならそれで良かったということです。一〇年で状況が変わってしまったのです。だから、注意をしないといけません。**「書く対象」が今、世の中からどう受け止められているか、そのときどきで、しっかり認識しておく必要がある、ということなのです。**

それこそ、何かの事件をきっかけに、「書く対象」へのイメージは大きく変わってしまう可能性がある。スキャンダルひとつで、その人物に対する世の中からのイメージが一気に変わってしまうことになります。

そして、これは人物に限りません。会社しかり、組織しかり、モノしかり、作品しかり……。「書く対象」が世の中からどんなふうに映っているのか、いつも理解しておく必要があるのです。

もうひとつ、大事なのが「書く場所」です。例えば、日本には四大週刊誌と呼ばれている雑誌があります。『週刊文春』『週刊新潮』『週刊現代』『週刊ポスト』の四つですが、実はこの四誌は微妙に読者層がずれているのです。

端的にいえば、『週刊文春』は女性読者が多い。逆に『週刊現代』は男性読者が多い。だから、『週刊文春』にはないカラーのヌードグラビアが、『週刊現代』にはあったりします。メインの年代層も、『週刊文春』は幅広い男女なのに対して、『週刊現代』は六〇代以上です。

となれば、同じ太田光さんの記事を書くにしても、注意をしなければなりません。例えば、三〇代女性と六〇代男性では、太田光さんに対する印象がずいぶん違うからです。三〇代女性に太田さんをどう見せるかと、六〇代男性に太田さんをどう見せるかは違う、ということはイメージしていただけると思います。

これが、インテリア雑誌だったらどうか。ネット通販の特集ページだったらどうか。中小企業経営者が読む専門誌だったらどうか。それぞれで、「太田さんを読者にどう見せるか」は変わっていくはずです。「書く場所」がどこか、というのも大切な相場観の構成要素のひとつになるのです。

そしてもうひとつ、大事なのが「社会の情勢」です。実は私が太田光さんに『週刊現代』でインタビューしたのは、東日本大震災の直後でした。モノクログラビアのロングインタビューでしたが、お笑い系の人だからと、少しふざけたような書き出しで文章が始まっていたりしたら、読者は、もっといえば世の中はどう感じたでしょうか。

たくさんの方が亡くなり、電力制限があったり、原発の問題があったりして、社会は大きく沈んでいました。**そういうときに、「空気を読めない」文章を書いてはいけません。「社会の情勢」という相場観の構成要素に目を向ける必要があるのです。**

このインタビュー記事は、実際に原発問題から語ってもらいました。少し硬めの導入でしたが、震災直後に出ることを考えれば、違和感はないと思いました。しかし、もし震災の前だったら、まったく違う導入にしていたと思います。社会情勢は、極めて重要、なのです。

†「書くのが誰か」も重要な相場観の要素のひとつ

相場観ではもうひとつ、とても重要な要素があります。それは、「誰が書くのか」です。書いている自分も、相場観を作り上げている重要な要素である、ということです。

例えば、極めてわかりやすい例を出しましょう。小説家の村上春樹さんの書籍に『職業としての小説家』（新潮文庫）があります。これまで数々のベストセラー小説を書き上げてきた村上さんが書いた一冊、とても話題になりました。

しかし、もし小説を一冊書いただけの新人作家が『職業としての小説家』という書籍を出したとしたら、どうでしょうか。あまり売れないのではないでしょうか。その著者には、職業としての小説家を語る資格など、まだないと思われるからです。

これは極端な例ですが、本来なら語るべきでないことを語ろうとしてしまったりすると、ここでも大きな「ピント外れ」が起きます。

もちろん、それこそインターネット上では、仕事でもなければ、何を言っても何を書いてもいいわけですが、読む人がどれだけそれをやさしく見守ってくれているか、というのは別の話である、ということを認識しておく必要があります。

例えば、後に紹介するSNSでは、「どうしてこんな高飛車な発言をしているのだろう」「こんなことを言う立場にないと思えるのだが」「こんなふうに言ってしまったら自分の印象が悪くなることに気づかないのだろうか」……などと思える印象の投稿が少なからずあったりします。

若い人の中では、そうした投稿主について、「お前が言うな！」といった表現で揶揄したりしますが、大きな問題は書いている本人が、その「ピント外れ」感に気づいていないことです。

新人作家が『職業としての小説家』を書いて出してしまうようなことを、インターネット上でやってしまっているということに気づけていないのです。

ただ、もし仮に自分の専門分野であったり、専門領域であったりしたなら、堂々と自説を展開すればよいと思います。自分の経験に基づいて、読者が「そうだよな」と思える内容を書いていくことができるとすれば、それは意味のあることです。

そうではなくて、経験も裏付けもなく、例えば、ただ単に政治的な状況を中傷したり、経営者を一方的に批判したり、事件について辛辣な言葉を吐き捨てるように書いていたりすると、読む人はびっくりしてしまう、と言わざるを得ません。

ただ、では経験や知見がないと書いてはいけないのか、というと、そんなことはまったくないところが、また難しいところです。経験や知見がないのであれば、経験や知見がないなりに書いていけばいいいからです。「書くのが誰か」の相場観を理解していれば、これができるようになります。

大事なことは、自分なりのスタンスで書いていくことです。知識や経験がないなら、な

いなりに。それが、自分の相場観という意味です。

よく講演などでお話するのは、二〇代の若手社員と五〇代のベテラン社員で、求められるレポートは違う、という話です。二〇代の若手社員が背伸びして経営戦略など語る必要はないでしょう。いつも現場で過ごしている、現場ならではの視点からレポートを書けばいい。それは二〇代の社員にしかできないことです。

一方、五〇代の社員がそれでは困ります。それなりに経営に即した高度なレポートになっていないといけない。会社はそういう目線で見ている、ということです。

もし経験や知見が足りないのであれば、背伸びしたりせずに自分なりのスタンスで書けばいいのです。素人なら素人なりに、見えてくるものがある。それをぶつければいい。間違っても、経験や知見がある人たちのようにふるまうべきではないし、大上段から書くべきではない。それをやると、「お前が言うな！」になりかねないのです。

こうした自分自身の相場観を認識するためにも、「書く場所」の相場をつかんでいくことが、とても大事になります。例えば、SNSにしても、どんな人がどんなことを書いているのか。まずは、それをつかみに行く。その上で、自分の立ち位置を定めることを考えるのです。

私も、書籍の企画をもらったら、真っ先にするのは大きな書店に直行することです。同じテーマで、どんな人がどんな本を出しているのか。どんな本が売れ筋で、どんな本が受け入れられているのか。その相場を探ります。

真似をするのでは、まったくありません。それこそ、すでに似たような本があるのであれば、同じ本を出しても仕方がありません。ただ、それを知るにも、「書く場所」の確認は重要になるのです。

†「面白い」という言葉の怖さに気を付ける

相場観を持つことが、どうして文章を書く上で有用なのか。そのことに後に強く気づかせてくれたのは、あまりにも当たり前に使われる、この言葉でした。

「面白い」

私自身も、この言葉をよく使っていましたし、今も使っています。しかし、極めて危険な言葉だ、ということに次第に気が付いていくのです（そしてこれも形容詞です）。

コピーライター時代、こんなふうに言われたことが、よくありました。

「面白いコピーを書いて」

しかし、この注文ほど難しいものはありませんでした。「面白い」とはいったい何か、考えるようになりました。振り返ると、本当にいろんな場面で使われていることに気づきました。

「あの映画は面白かった」

「もっと面白いことをやろうよ」

「何か面白い小説はない？」

「面白い企画を出さないと」

「あの店、面白いんだよ」

いずれも、よくある会話の一部ですが、これでなんとなく意味が伝わってしまっているところがあります。ところが、実際にはどう面白いのか、まったくよくわからないのです。「わかったようで、わからない言葉」の典型が、この「面白い」なのです。

文章を書く仕事においても、だんだんベテランになっていくと、よくこんな相談を受けることになりました。

「面白い文章を書きたい」

では、面白いとはいったい何なのか。それを聞いてみても、答えが戻ってくることはまずありません。

私が次第にわかっていったのは、実は「面白い」はひとつではない、ということです。ある人にとって「面白い」ことが、ある人にとっては「面白い」ことではなかったりする。

例えば、カリスマ経営者が長年にわたって培ってきた、従業員が大きく成長できるマネジメントテクニックは、多くの経営者にとっては垂涎の「面白い」話に違いありません。

しかし、大学を出たばかりの新入社員にとっては、それは果たして「面白い」ことなのか。まったく面白くないでしょう。それよりも、職場で先輩とどんなふうにコミュニケーションを交わしていけばいいか、人間関係の教科書のほうがよほど「面白い」と感じるはずです。

年間一〇〇本も観るような映画大好きな人が、「これ面白いよ」と勧めてくれるマニアックな作品は、私のようにほとんど映画を観ない人間にとって、果たして「面白い」かどうか。

逆に、ほとんど映画を観ない人が「面白い」と思った作品は、果たして映画マニアにも「面白い」となるかどうか。

要するに、こういうことです。重要なのは、「誰にとって」「どのように」面白いのか、ということなのです。全員が全員、「これは面白い」などということは、ほとんどないということです。

ですから、「面白い文章」を書きたい、「面白い素材」を見つけたい、「面白いネタ」に出会いたい、といったときには、十分に注意をしなければなりません。全員が全員、「面白い」はないから。その「面白い」は「誰に」とっての、「どのように」面白いのかを、しっかり理解して書いていかなければならないからです。

そしてこの「面白さ」を考えるとき、大いに役に立ってくれるのが「相場観」なのです。「誰に」しかり「真の目的」しかり「書く対象」「書く場所」「社会情勢」「自分」しかり。

逆にいえば、これがなければ本当の意味での「面白い」は設計できないのです。私はこれを「面白いに謙虚になる」という言葉で表現しています。

あまりに当たり前に使われ、みんなが目指そうとする「面白い」。しかし、漠然と「面白い」と追求していっても、「面白い」にはならない。相場観を使い、設計することで「面白い」は実現するのです。

†電車の中が、ネタの宝庫になっていく

面白いに謙虚になるとか、相場観を使うとか、なんだかますます面倒そうだ、と思われたかもしれません。しかし、実はこのことに気づくと、世の中は書くネタの宝庫だった、ということに気づけるという話をしておきたいと思います。本当です。

SNSにせよ、ブログにせよ、書く場所がひとまず決まっていないにせよ、「文章を書いてみたい」と考えている人からよく聞こえてくる言葉が、これです。

「何を書いていいかわからない」

「書くネタが見つからない」

「こんなことを書いていいのか、不安」

もし、私も「相場観」という考え方がなければ、同じような状況に陥っていたと思います。何を書いていいかわからない。どう書いていいかわからない。

それこそ私の場合は仕事ですが、膨大な量の「素材」から、何をどうチョイスして、どんな順番で書いていくのか、は私が決めなければならないのです。そして結果的に、読者に「面白い」と思ってもらわないといけない。

ここで私が何をしているのかというと、相場観を駆使している、ということに他なりません。「誰に」「真の目的」「書く対象」「書く場所」「社会情勢」「自分」です。

例えば、大ヒット漫画『釣りキチ三平』を描いた漫画家、矢口高雄さんにインタビューしたことがありました。矢口さんについて、面白く読んでもらいたい。しかし、二〇代の読者と、六〇代の読者では、矢口さんをめぐる相場観はまるで違います。

『釣りキチ三平』について、二〇代読者は知らない可能性が高い。となれば、漫画についてしっかり説明しなければいけません。

逆に六〇代読者は、若い頃に大ヒットしたことをよく知っています。くどくど漫画について書いてしまったら、「そんなことは知っているよ」となりかねない。漫画はわかった上で、何をメッセージとして伝えるのか、ということになります。

実際には、『週刊現代』のモノクログラビアでしたので、六〇代読者に向けて記事を書きました。実は、『釣りキチ三平』のサブキャラクターが主人公になる漫画（スピンオフ企画）が、別の漫画家によって描かれることになったのでした。

「魚紳さん」という名前の、なつかしいキャラクターから原稿は入っていきました。そこから、『釣りキチ三平』の成長と苦労、さらには読者の成長と苦労とを重ね合わせていきました。

この原稿は、「相場観」がなければ絶対に書けなかったと思います。「誰に」が決まっていなければ、何を書いていいか、見えてこなかったからです。「真の目的」には、スピンオフ企画の紹介がありました。また、『釣りキチ三平』が今の世の中でどんな立ち位置にあるか、も認識していないといけませんでした。

しかし逆に考えると、何も設定がなく、書く場所も自由であれば、『釣りキチ三平』というテーマから、いろんな切り口で原稿を作ることができたことをお気づきいただけると思います。

例えば、若い人向けに「昔、こんな大ヒット漫画があったんだよ」と伝えられるかもしれない。「どうしてこの漫画はヒットしたのか」というテーマで分析記事が作れるかもしれない。「自分も少年時代に釣りにハマっていた」という切り口で、自分なりのエッセイが書けるかもしれない。

何かの題材があったとき、相場観に照らし合わせてみると、それがいろんなネタ・素材になることに気づくことができるのです。

私は電車の中は書くネタの宝庫だと思っているのですが、よくよく観察してみると、気になることが見つかります。それを、相場観を持って書いてみることを考えるのです。

例えば、電車の車内を見回してみると、メガネがずいぶん派手になったことに気づけたりします。ちゃんとしたスーツを着たビジネスパーソンが、真っ白いフレームのメガネをかけていたりする。ここに相場観を照らし合わせてみましょう。

これは、いったいいつからなのか。どうしてメガネは派手になったのか。今のメガネの価格相場はどのようなものか。どこで作られているのか。日本人のメガネ比率は世界に比べてどうか。日本のメガネの歴史は……。

どうでしょうか。メガネが派手になった、という気づきから、いろいろな展開、いろいろな切り口が見つかるのです。

他にもいろいろあります。雑誌の中吊り、目の前に座っている若い男女、新型車両のモニター映像、意外に本を読んでいる人が多い社内、反して新聞を読んでいる人の驚くほどの少なさ、スマートフォンの席巻……。

お、と思ったら相場観に照らし合わせて、ネタに落とし込んでみる。「誰に」を変えてみたり、「真の目的」を変えてみたりして、発想を広げてみる。それをやってみると、本当にいろんなことが書けることに気づくことができるのです。

†読者の「課題」の解決が、すなわち「ネタ」になる

相場観の中でも、特に意識してみてほしいものがあります。それは、やはり「誰に」です。読み手のこと。いったいこの文章は誰に読んでもらいたいのか、ということですが、そこからさらに一歩、踏み出してみることです。

それは、「誰に」＝メイン読者の「課題」を意識してみる、ということです。こういうことに困っているのではないか。こんなことが心配なのではないか。こんなことがなかなかできないのではないか……。そうした読者の課題に目を向けてみるのです。

何度も書いていますが、読む人はどうして文章を読んでいるのか。純粋に文章を楽しむ小説やエッセイを除けば、何か自分の役に立つと思って読んでいるのだと私は思っています。何かのベネフィット、メリットに期待して読んでいるのです。

ならば、ベネフィットを提供したいところですが、その最もシンプルな方法が、「読者の課題に対して応えてあげること」だと思うのです。

困りごとを解決する、ということもそうですし、知らなかったであろうことを教えてあげる、こともそう。こうしたら、もっとラクにできますよ、という方法論を提示すること

もそう。こういう本を読むといいですよ、というアドバイスもそう。

何かの課題を解決してもらえる、というのは、読者にとって、もっともわかりやすいベネフィットの受け取りだと思うのです。だから、読者の課題を意識することは、何を書けばいいのか、の大きなヒントになります。

そして同時に、読者の課題を意識すると、スムーズに書けるようになります。文章の狙い＝「真の目的」がとても鮮明になるからです。文章が書きやすいのです。

しかし、課題をイメージするわけですから、より「誰に」に近づかなければいけません。そこでここでも有用になるのが、できるだけ読者を絞り込んでいく、ということ。そして、読者について想像をめぐらせていくことです。

そのための、画期的な情報収集の場があります。それは、大きな書店の雑誌売り場です。雑誌はターゲットメディアだと先に書きましたが、雑誌売り場には、さまざまな「誰に」を対象にした情報が溢れているのです。

例えば、一〇代の女の子がどんなことに今、最も注目しているのか。それは、女性ティーン向けの雑誌を読めば見えてきます。特集企画は、今のティーンが最も「課題」としていることが取り上げられていることが多いからです。

雑誌の看板記事なのです。それを目的に買ってもらいたい、と考えているのが、特集企画なのです。

これは、他の「誰に」を対象にした雑誌も同様です。若い男性向けのファッション誌がどんなものを前面に打ち出しているか。インテリア雑誌は、どんな傾向か。旅行雑誌はどうか。それこそ鉄道を趣味にしている人向けの雑誌もあるし、将棋をテーマにした雑誌もある。『月刊土木』のようなマニアックな雑誌もあります。

雑誌売り場に行けば、それぞれの雑誌のターゲット読者が、どんなことを考え、どんなことに課題感を持っているのかが、見えてくるのです。

そうした課題が見えてくれば、それに対して、自分が書けることを考えてみる。解決できる方法について考えてみる。それはすなわち、「誰に」対してベネフィットを与えられるかということを意味します。

世の中には、たくさんの課題があります。そこに目を向けてみることです。そうすることで、書く内容はどんどん考えやすくなるのです。

そして世の中には、たくさんの課題があります。それはすなわち、たくさんの「書くネタ」があることを意味しています。

特別なことを考える必要はないのです。特定の人たちの、特定の課題の解決をこそ考えてみればいいのです。

私は頻繁に雑誌売り場に行きますが、それでもすべての「書く対象」が理解できるわけではありません。そこで、詳しそうな人に相場観を直接、尋ねることも少なくありません。

サッカーなら、サッカーに詳しい人に聞く。コンピュータプログラムの世界については、エンジニアに聞く。それこそティーンの相場は娘に聞いたりします。

常にアンテナを立てつつ、個別にも相場を探りに行く。面倒でもそれをやっておくと、書くときにグッとイメージがわきやすくなるのです。

†「批判的な文章」は書かない。書こうとしない

実際に文章を書こうとするとき、ひとつ気を付けなければいけないことがあると思っています。これは、普段からしっかり新聞や雑誌を読んでいる人が陥りやすいことです。それは、何かを批判するような文章、ネガティブな口調の文章をついつい書こうとしてしまう、ということです。

これは多分に、新聞の影響が大きいのだと思います。文章を書くといえば、何かを批判

的にとらえ、問題提起していくことがよいことだと思ってしまう。あるいは、そういうものが、対外的な文章だと考えてしまっているふしがあるのです。

そして実際、批判的な文章は書きやすい、ということがいえます。以前、日本で一番有名といっても過言ではない著名なジャーナリストに取材したとき、彼が言っていました。「批判的な文章は実は書きやすい。それは、文章を書くときの落とし穴のひとつだ」

しかも新聞を中心としたメディアは、批判的なことが受け入れられる土壌があります。だから、そもそも批判的なものの見方をしてしまうことになる。

しかも、これも彼が言っていたのですが、新聞を買おうとする人のメンタリティは、批判的なもの、ネガティブなものほど受け入れる傾向にあるのです。

例えば、株価が大きく上がった、という見出しの新聞はそれほど売れません。ところが、株価が大暴落した、という見出しの新聞はよく売れる。

振り返ってみると、駅のホームで売られている新聞の大きな見出しは、ネガティブなものが多いことに気づけます。それは、ネガティブなもののほうが読者が手に取ってくれるからです。

逆にいえば、メディアはどんどんネガティブな方向に、記事が流れていってしまいかねない、ともいえます。あれは、読者の支持を得るためにメディアがあえてしている部分でもあるのです。

しかし、そのトーンに一般の人が巻き込まれてしまうことは危険です。そもそも、批判的でネガティブな記事が受け入れられるのも、新聞という「書く場所」で、記者というプロが書いているから、成立しているのです。

同じようなことを素人が書いたら、どうなるか。相当に違和感を持たれてしまうと私は考えます。

もともと批判的な文章には、実は読み手のベネフィットが作りにくいのです。スカッとすることはあるかもしれませんが、具体的なベネフィットを与えるのが、かなり難しいのが批判的な文章なのです。

それよりも、もっと素直に書いていけばいい。具体的なベネフィットを提示できるものにしたほうがいい。

では、どんなふうに書けばいいか。読者の「課題」を意識するとすれば、こういう「型」を私はよく使っています。

「課題」を一般論にして共感を得る
←
「それは、実は違うのではないか」と疑義を唱える
←
その「疑義の裏付け」を書く
←
加えて「新たな発見」で驚かせる
←
「結論」を伝える

実際に私が書いた原稿を、ご紹介しましょう。私には『ライザップはなぜ、結果にコミットできるのか』（あさ出版）という著書がありますが、この本を執筆するために二カ月間、自らライザップに入会し、ダイエットプログラムを経験しました。その「体験記を書いてほしい」という企画でした。

少し長いのですが、考え方と合わせてご紹介することにしましょう。

†「型」を使い、構成を見える化し、肉付けしていく

私がまず行ったのは、「誰に」＝メイン読者と、「真の目的」を設定することでした。ライザップの本を書くことになったとき、こんな声が続々と私の耳に入ってきました。「本当に痩せられるのか」「過酷なトレーニングで無理に痩せさせているのでは」「不健康なのではないか」「すぐリバウンドするのではないか」……。

ネットを調べてみても、こうした懐疑的な見方をしている人がとても多いことがわかりました。そこで、実際にそんな疑問を持っている私の友人を読者に設定しました。私自身も、ライザップのプログラムを実際に体験するまでは、そういうイメージを持っていたのです。

そして、実際に体験してみて、そのイメージが間違っていたことがわかりました。ですので、「真の目的」は、その人たちに対して、「実はそうではなかった。むしろ、しっかりしたロジックのもとで健康的に痩せられた」と伝えること、にしました。「そうだったのか！」と思ってもらうことです。

実は、ライザップは十分にベネフィットがある仕組みだったのです。そして、根拠にし

ている痩せるロジックも紹介する。

それから取り組んだのは、「大きな流れ」を作ったことです。先にも書いたように、「**カフェで、目の前にメイン読者がいたらどう説明するか**」を考えました。

ここで当てはめたのが、紹介した「型」です。原稿の主な「素材」と、この「型」を組み合わせて、次のような流れを作りました。

①ライザップというと怪しいと思っている人が多い
②私は実際に本を書く過程でやってみた
③驚いたのは、しっかりロジックがあったこと
④そもそも多くの人が、「なぜ太るのか」のロジックすら知らない
⑤太らせる原因である糖質をカットする
⑥太らせる原因となる代謝のダウンを防ぐために筋トレをする
⑦ロジックを理解しているから、リバウンドしない

そして、それぞれの項目について具体的な素材を付け足したのです。具体的に、どう付

け足したか見ていきましょう。

①　ライザップというと怪しいと思っている人が多い
衝撃のビフォー／アフターCM、大変なことをさせられるのでは？

②　私は実際に本を書く過程でやってみた
体重は二カ月で七キロ減、ウエスト一一センチ減
健康的に痩せられた
苦しくなかった。もう一回でも痩せられる

③　驚いたのは、しっかりロジックがあったこと

④　そもそも多くの人が、「なぜ太るのか」のロジックすら知らない
ダイエットや痩せることに興味がある人は多い
ところが、彼らに「なぜ人は太るのか」を尋ねても誰も答えられなかった

⑤　太らせる原因である糖質をカットする
太る原因は糖質と基礎代謝

⑥　太らせる原因となる代謝のダウンを防ぐために筋トレをする

ただ食事を減らすダイエットは、筋力が落ちてむしろ逆効果
⑦　ロジックを理解しているから、リバウンドしない
ライザップには、健康を求めてくる人も増えている
リバウンド率は七％
ロジックがわかり、生活が変わった

そして、この「型」に沿って書いたのが、以下の原稿です。これは実際に東洋経済オンラインに掲載された原稿です。少し長いですが、ご紹介しておきましょう。

「ライザップはなぜ、あんなに痩せられるのか？」

テレビタレント、アイドル、経済評論家……。衝撃的な「ビフォー／アフター」の姿に、毎回のように驚かされている人は少なくないのではないか。ライザップのテレビコマーシャルシリーズだ。
どうしてあんなに痩せられるのか。大変なことをさせられているのではないか。食事

は食べられるのか。あんなに急に痩せて体に良くないのではないか……。そんな思いも浮かぶ。私自身も、そう感じていた。

だが、著書『ライザップはなぜ、結果にコミットできるのか』の制作にあたり、私は二カ月間、自らライザップを経験することになった。待っていたのは、自分でも予想していなかった事態だった。

「結果」を出すためのロジック

特に太っているわけではなかった私の体重は、わずか二カ月で七・二kg減った。ウエストは一一・八cm減。体脂肪率は二五%が一七・七%に。久しぶりに会う人のほとんどが私の姿に驚き、「スマートになりましたね」と声をかけられることになった。

しかも驚いたのは、健康的に痩せられていたことだ。中高年でダイエットをすると、一気に老け込んでしまうこともあるが、そうはならなかった。むしろ私は、若返ったという評価を周囲から得ることになった。

では、ここまでのダイエットに成功した私は、二カ月間、苦しみ抜いたのか。いや、そんなことはまったくなかった。確かに食事制限で空腹を感じた日もあった。キツいトレーニングメニューもあった。しかし、耐えられないほど苦しかったのかと問われたら、答えは「ノー」だ。もう一度やれるか、と問われたら「やれる」と答えるだろう。

どうしてライザップは、「結果」を出すことができるのか。そこには、きちんとしたロジックがある。あてずっぽうに無理矢理、痩せさせられるわけではないのである。

「中年太り」のメカニズム

本を書くにあたって、私は周囲にさまざまな情報収集を試みていた。「ダイエット」や「痩せること」に興味を持っている人は実に多いということを改めて知った。

だが、驚いたことがあった。それは「どうして人は太るのか」という極めて基本的な質問について、ほとんどの人がうまく答えることができなかったことだ。太ることを気にしているのに、「なぜ太るのか」理解していないのである。だが、私自身もそうだった。それを私は今回、ロジックとして理解したのだ。では、人を太らせているものの正体は何なのか。それが、「糖質」である。

やっかいなことに、糖質は「甘い物」だけに入っているわけではない。ご飯やパン、麺類、果物、ジュースなど、普段ごく普通に食べているものに、糖質はたくさん含まれている。たとえば、ご飯一膳（一五〇g）には角砂糖に置き換えると約一一個もの糖質が含まれている。食パン一枚（六〇g）なら約六個分。これが人を太らせる。

一方で、同じものを食べていても、若い頃は太らなかった。そこには理由がある。身体の成長中は多くのエネルギーを必要とするからだ。だが、成長が一通り済んだ大人は、エネルギーがそれほど必要なくなる。

それだけではない。成人の体の筋肉は、何もしなければ誰でも衰えていく。人間の生命を維持するために最低限必要なエネルギーのことを基礎代謝というが、筋肉が衰えるとこれが落ちる。

基礎代謝が落ち、エネルギーは必要なくなっているのに、若い頃と同じ食事をしていたら、エネルギーは体内で余る。これが、体脂肪として蓄積されていく。こうして太るのだ。

つまり、筋肉を鍛えるか、運動してエネルギーを消費するか、食事を変えない限りは必然的に太ってしまうのである。個人差はあるにしても、二〇代後半から筋肉は衰えるという。これがまさに「中年太り」のメカニズムだ。

このことを理解しておくと、一般的なダイエットのリスクにも気づくことができる。

太ってしまったから、太りたくないから、と頑張って苦しいダイエットに挑んでいる人も多い。だが、残念ながらうまくいかず、しかもすぐにリバウンドしてしまったりする。実はここにもロジックがある。従来型の、いわゆるカロリーダイエットは、むしろ人を太らせてしまう可能性がある。

カロリーダイエットの問題点とは

カロリー全体、食事全体を減らしてしまうと、筋肉も落ちてしまう。ダイエットでげっそりと不健康な雰囲気になるのは、これが原因だ。筋肉が落ちるとどうなるか。基礎代謝も落ちてしまう。そうなれば、必要なエネルギーは小さくなる。ちょっと食事を戻しただけで、あっという間にエネルギーが余ってしまうことになる。これが人を太らせる。

そもそも太らせるのは糖質である。カロリーではない。実際、ざるそば一人前（二〇〇g）とサーロインステーキ（二〇〇g）では、果たしてどちらが太るか。前者のカロリーは二六四kcal、後者は九九六kcal。どう見ても、そばのほうが太りにくそうに思えるが違う。

糖質で比較してみると、ざるそばの糖質は四八・〇g、サーロインステーキは〇・六g。カロリーが低くても、ざるそば一人前には角砂糖約一〇個分もの糖質が含まれている。一見、ヘルシーに見えるものにも、実は注意しなければいけない。

大事なことは、筋肉を維持しつつ、食事から糖質を減らしていくこと。ライザップがやっているのは、まさにこれ。この合わせ技がポイントだ。栄養をしっかり摂る一方で糖質を食事からカットする「低糖質食事法」と、一回五〇分、週二回の「筋力トレーニング」だ。実際、私はこれだけで七kg以上も痩せたのである。

リバウンドはあったのか

実はライザップには健康を求めてくる人も増えているという。肥満は健康にも大きな影響を与える。好きなものを好きなだけ食べているだけでは、病気のリスクも高まる。

では、ライザップではリバウンドはないのか。ゲストへの調査によれば、一年後で七%がリバウンドした、というデータがあるという。逆にいえば、九三%はリバウンドしていない。私自身、実はライザップを終えてから、最低体重記録を更新している。

なぜか。痩せるロジックを理解しているからだ。食事は以前とは大きく変わった。糖質だらけの食事から、肉や魚、豆腐などのタンパク質や食物繊維を多く摂るようになった。ご飯も食べるし、ビールも飲むが、ロジックがわかっているので、調整ができる。
体を動かすようにもしている。できるだけ歩くようになったし、テレビのニュースを見ながら軽いストレッチや筋トレをするのも日課になっている。何もしなければ、エネルギーが余ることがわかっているからだ。ロジックを理解したことで、太りにくい生活習慣に変えることができたのである。

いかがだったでしょうか。話すように考えるところから、構成を見える化すること、そこに肉付けをしていき、文章に仕立てあげていくプロセスが、ご覧いただけたのではないかと思います。

†一度に完成形に持っていこうとしない。まずは粗々で書く

大きな構成ができ、素材を整理し、実際に原稿を書き進める際には、私自身ひとつ心がけていることがあります。それは、一度に完成形に持っていこうとしない、ということです。

最初から完璧な原稿を書こうとすると、「この表現はもっと適切なものがあるんじゃないか」「この素材はやっぱりこっちに置いたほうがよいかもしれない」などと、書きながら何度も手が止まってしまうことになります。

この「迷い」が、書くスピードを大きく落としてしまうのです。もっといえば、書く勢いをそいでしまう。一気に流れに乗って書けなくしてしまうのです。

もちろん、最終的には完成形を目指すのですが、最初からそれをやろうとしない。後から推敲して整えていくことを前提に、まずは一気に書き切るのです。これを私は、「粗々で書く」と表現しています。

もちろん、「素材」がしっかり集められていて、どんな順番で何を入れていくか、という組み立てもできていて、それから書き始める、ということが大前提になりますが、書く段階に入れば、細かなところにはまずはとらわれないほうがいいのです。

私の場合は、例えば書いている最中に、「素材」について調べたい数字が出てきてしまったり、正確な名前を調べないといけなくなってしまったりしても、一切書くことを止めません。

「●」や「★」などのマークを原稿の中に入れて、あとから調べることにして飛ばしてしまうのです。とにかく、最後まで書き進める。これが、勢いを保ってくれます。

どうしてそんなに勢いを気にするのかというと、コピーライター時代の経験に立ち戻ります。先にも書いた通り、広告は誰にも読む義務がありません。しかし、求人を出している会社の魅力についてできるだけたくさん、読者に知ってほしかった。

そこで、私が強く意識したのは、キャッチコピーに興味を持ってもらったら、ボディコピー（サブコピー）の一行目で惹きつけて、そのまま最後までついつい読んでしまうような文章、だったのです。

私はこれを、「一気通貫に読める文章」と呼んでいました。こうした文章を作るには、書きながら何度も止まっていたらできないのです。だから、一気に書き進める。

文章のボリュームも気にしません。二〇〇〇字をイメージしていたのに、三〇〇〇字書いてしまっても、ひとまずは気にしない。素材を集めるときもそうですが、多く書いてからあとで削るほうが、ラクなのです。

なので、誤字も表現も気にせず、とにかく書き切る。書くべき素材は用意したのだから、とにかく最後まで書く。私は本を五日ほどで書いてしまうと書きましたが、それは推敲を前提に、いきなり完成原稿を作らないからです。まずは、書いてしまうのです。

そして原稿を書き上げたら、必ずすることがあります。そのひとつが、「文章を寝かせる」ことです。文章を書いているとき、どうしても書き手は「熱く」なります。思いが強ければ強いほど、冷静さを欠いてしまいます。

夜に書いたラブレターは朝、読み返せ、と言われたりしますが、それと同じことです。少し時間を置くことで、書き手は「客観的な視点」を得ることができます。初めて読む人の視点で、冷静に修正をすることができるのです。

ひと晩が難しければ一時間でもいい。コーヒーを飲む一五分でもいい。少しでも、頭を冷やしてから読んでみる。これを必ずやっています。

もうひとつ、必ずするのが推敲ですが、心がけているポイントは二つです。一つは「読みやすくする」こと。そして、「わかりやすくする」ことです。

最初は、まずざっと見ます。粗々の文章ですから、細かなミスもあったりして直したくなりますが、細かな点に目を奪われると、全体の流れを見失います。「初見」の見直しこそ、読者に一番近い視点。ですから推敲は、大きな全体像からだんだんと細かなところに入っていきます。ボリューム調整は、終盤で行っていきます。

そして大事なことは、読みやすさとわかりやすさ。読者に本当に伝わるか、わかりやすいか、という点でチェックしていきます。

†読みやすい文章を書く、七つの習慣

三〇年近く文章を書く仕事をしてきて、「こういうことに注意したら、より読みやすくなる」と感じて私なりに続けてきた習慣があります。七つ、ご紹介しましょう。

①一文を短くする

昔から書くことが好きではなかった、とすでにご紹介していますが、実は国語も嫌いでした。教科書も、試験も嫌い。振り返れば、その理由はとても難解だったからです。象徴的なのが、何行にも及ぶ長い文章でした。

その反動もあるのか、今はとにかくワンセンテンスを短くすることを心がけています。そのほうが、読みやすいし、リズムも出るから。もっというと、書きやすいからです。どんなに長くても六〇字くらい。

どうしても長くなるようであれば、接続詞を使って二つに文章を分けます。短い文はリズムが生まれます。そして一文の長い文章は、読む側にも負担をかけます。

②スラスラ読める「リズム」を作る

「ですます調」の文章の中に「である調」の文章を適度に織り交ぜることによってリズムを作ることができます。

また、本書でも何度か出ていますが、似た意味のフレーズを、少しバリエーションを変えて繰り返すこともリズムを作ってくれる方法です。

③「 」の強調使用

一般的に「 」は会話文で使うのが基本的な使い方ですが、何かを強調したいときや本来の意味と少し違う意味を持たせたいときなどに活用できます。本書でも、「 」はかなり多用しています。

ある言葉が「 」に入っていることで、「どうしてこうなっているのか?」と読み手の注意を惹きつける効果もあります。

④順接の接続詞を使わない

「だから」「また」「さらに」といった順接の接続詞を、私はできる限り使いません。文章に冗長な印象を与えてしまうリスクがあるからです。

入れなくても意味が通じてスラスラ読めるなら、入れないほうがいいと考えます。

⑤逆接の接続詞で展開を生む

順接の接続詞を使わない一方で、「しかし」「ただ」「ところが」など、逆接の接続詞は多用します。逆接の接続詞は、論理を展開できるからです。文章に変化を作ることができる。

論理が展開すると、文章にリズムも生まれます。逆接された部分が強調されて、印象に残りやすいという効果もあります。

あることを言いたいために、あえて逆の内容を先に持ってきて、逆接の接続詞で強調する、ということもよくやっています。

⑥難しい日本語を「翻訳」する

できるだけ平易な言葉、わかりやすい言葉を使う、ということを常に心がけていることは先にも書きました。もし、「これは今回の読者にはちょっとわからないかもしれないな」と思える難しい言葉や、ちょっと難しいカタカナ言葉が思い浮かんだり、資料からピックアップしたりするときには、「翻訳」することを試みます。

「日本語の日本語訳」です。難しい用語が出てきたときには、必ず読み手の目線に立って、翻訳するようにしています。

⑦リアリティを意識する

読み手が読んでいて、「ふむふむ、そうだよね」と納得できる内容やロジック、展開を常に意識しています。そうでなければ、書き手の勝手な独りよがりになってしまいかねません。

書いてあること、書いてある流れが、読み手にとって「リアリティ」があるか。すんなり納得できるか、注意しています。

第四章のポイント

⑰「書く対象」「書く場所」「社会の情勢」を意識する
⑱「書くのが誰か」も重要な相場観
⑲「面白い」という言葉は怖い
⑳電車の中は、ネタの宝庫
㉑読者の「課題」の解決が「ネタ」になる
㉒「批判的な文章」は書かない
㉓まずは粗々で書く、そして寝かせる
㉔読みやすい文章を書く七つの習慣
（一文を短く・「リズム」を作る・「　」の使用・順接の接続詞を使わない・逆説の接続詞の多用・難しい日本語の「翻訳」・リアリティを意識する）

第五章

メール、LINE、フェイスブックの基礎知識

――コンパクトに情報発信するためのシンプルなコツ

†文章は「凶器」にもなりうると、気づいておく

もしかすると、今ほど「書くこと」が生活に密着した時代は、過去になかったのかもしれません。その理由は、インターネットが当たり前になったことです。

いとも簡単に、誰かにメッセージを送れてしまう。世の中に向かって、思うところを投稿できてしまう。便せんにわざわざ文字をしたためて手紙を書く必要もなければ、新聞や雑誌の投稿欄に書いたものを投書して、掲載されるのを待ったりする必要もなくなったのです。

こんなふうに「書くこと」が身近になったからこそ、逆に文章に悩む人も増えてきているのだと思います。「どう書けばいいのかわからない」「文章がうまく書けない」「何を書けばいいのかわからない」といった言葉が、よく聞こえてきます。

私自身は、長く文章を書く仕事をしてきて、まずはそんなことよりも、ぜひ知っておいてほしいことがある、と感じていました。それは、文章の「怖さ」です。

文章は情報を伝達する道具である、とはずっと書いてきたことですが、実はこの道具は極めて使い勝手が悪いのです。

こういうことを言おうと思っていたのに、相手からは違うニュアンスで受け止められてしまった。そんなつもりはなかったのに、相手を傷つけてしまった。一方的でわがままな人だと思われてしまった……。

実際、こういうことが頻繁に起こりうるのが文章なのです。こうして読んでくださっている読者のみなさんの中にも、「もらったメールにカチンと来た」という経験をお持ちの方が、少なからずおられるのではないかと思います。

しかし、ほとんどのケースで、メールを送っている側に、相手に嫌な思い、不快な思いをさせているかもしれない、という認識はありません。それを目的にしていることを除けば、わざわざ嫌われるようなことはしないでしょう。

実際、とてもちゃんとしているのに、どういうわけだかメールではあまり印象が良くない、という人もいます。それはおそらく、文章の「怖さ」をわかっておられないのだと思います。

逆に、その怖さをわかっているからこそ、メールは使わない、という人もいます。電話を取り出して、さっさとかけてしまう。これはある意味で、正しいやり方です。

面と向かって会ったり、電話で話をしたりすれば、言葉の内容以外のところで、さまざまなニュアンスを伝えることができます。声のトーンであったり、大きさであったり、間の置き方であったり、相手の反応を見ての対応だったり。実際、誰かと話をするときには、一方的に話すのではなく、こういうところに頭を巡らせながら会話をします。

ところが、インターネットを介してのメッセージは、ダイレクトに言葉だけが送られます。受け取る準備ができていない受け手にも、いきなり刺さってしまう。たった一言や言い回しや表現が、相手を怒らせてしまったり、取り返しのつかない事態を引き起こしたりする可能性がある。

また、相手の名前を間違えていたり、当たり前の言葉の漢字の誤字や脱字があったり、支離滅裂なおかしな文面で文章を送ってしまったりしたら、「なんていい加減な人なんだ」「私のことをその程度に見ているのか」「どうにも、おかしい人だ」などと、人格を疑われるようなことにもなりかねない。

しかも、文章は会話と違って残ってしまいます。取り消すことはできないのです。これは実は、極めて怖いことです。

だからこそ、いい文章を書こう、面白いものを投稿しよう、などと思う前に、文章の怖さをしっかり認識しておくことが大事だと私は考えているのです。

文章は、時として、とんでもない凶器になりうるのです。それが認識できていれば、文章には慎重に接することになります。慎重にならないといけないし、書いたものは出す前に必ず読み返し、確認しないといけない、という認識もできます。

手軽に文章が扱える時代になりましたが、だからこそ、そのくらいで考えておくのがちょうどいいのです。何より避けるべきは、取り返しがつかない事態、なのですから。

†メールは少しフォーマル感。「マクラ」の言葉を

文章を書く機会として最も多くなった、といえば、やはりメールでしょう。かつてはパソコンで送ることが主流でしたが、今ではスマートフォンやタブレット、PCなど、いろいろな端末からメールを送ることができるようになりました。

自分でメールアドレスを持っていて、相手先のメールアドレスに「メーラー」と呼ばれるソフトを使って送るだけですから、操作も極めて簡単です。いろいろな連絡をする際の主たる手段にしている、という人も少なくないようです。

ただ、後に紹介するＬＩＮＥやフェイスブック・メッセンジャーなどの無料通信アプリケーションが登場し普及してきたことで、年代を超えて、日常的にはそちらを使う、とい

う人も増えてきているようです。

カジュアルなものはＬＩＮＥで、少しちゃんとした内容にしたい場合はメールで、と使い分けている人もいます。ということで、メールは今では少しフォーマル感のある情報伝達ツールになっている、と言っていいと思います。

私自身も、プライベートでは無料通信アプリを使っていますが、仕事ではやはりメールが中心です。では、メールでは何が違うのか。

少しフォーマル感がある、と書きましたが、だからこそ必要なのは、「マクラの言葉」だと私は感じています。無料通信アプリでは、いきなりダイレクトに会話が飛び交いますが、メールでは何か言葉がほしい。

仕事であれば、やはり「お世話になっております」というものになります。他には、こんなものがマクラになりうるでしょうか。

「おつかれさまです」（何かの集まり、仲間うちなどで）

「ご無沙汰しています」「お久しぶりです」（知人友人に対してなど）

「こんにちは」「こんばんは」（親しい友人など）

「お元気ですか」「まいど」「どうも」（旧友など）

こうしたマクラが一つあることで、メールの持っているフォーマル感には十分に合わせられると思います。読み手も、違和感なく読み始められます。

そしてメールに関しては、実は文章以上に大事なのは、「見え方」だと思っています。「好んで文章を読みたいと思う人はいない」とは先に書いたことですが、それが認識できていれば、「できるだけ読みやすいものを送ろう」という意識につながります。その象徴的なものが、「見え方」なのです。

例えば、以下の二つ。どちらが「見やすい」でしょうか。

> 佐藤様。お疲れさまです。次回の囲碁の会ですが先生の都合で一度繰り越しをして六月一五日の開催になりそうです。準備はそれまでにしてくれていればいいとのことです。よろしくお願いいいたします。

佐藤様

お疲れさまです。

次回の囲碁の会ですが、先生の都合で

一度繰り越しをして六月一五日の開催になりそうです。

準備はそれまでにしてくれていればいいとのことです。

よろしくお願いいたします。

「見え方」が違うだけで、これだけ印象が変わるということに、お気づきいただけるのではないかと思います。改行する。行間をあける。パッと見たときにウッとならないようにする……。小さなことですが、これだけでも印象はまるで変わります。相手への気遣いになるのです。

メールに関してはもうひとつ、意外に重要なのが「タイトル」です。メールにはタイトルを書く欄がありますが、これも工夫したい。

「ご相談」　↓　次回会合についてのご相談
「イベントの件」　↓　五月一五日、囲碁イベントの件
「お願い」　↓　会合日程変更のお願い
「××です」　↓　××でお会いした××です／昨日はありがとうございました

パッと見てなんのことかわからないタイトルではなく、何について書かれているメールなのか、内容がイメージできることが大事です。もし、自分がメールの受け手だったらどうか、考えてみるといいと思います。タイトルだけで、すぐに読まないといけないものかどうかがわかります。

メールの文章に関しては、これこそ情報伝達のため、ですから、基本的に「話すように」書けばいいと思います。書きたい用件・内容を整理して、あとは書くだけ。

長い言い回しや表現はまったく不要です。受け手も、情報伝達のツールとして使ってい

るのですから。

†設定や登録不要の「ショートメッセージサービス」

メールよりも、もっと気楽に簡単に使える、ということで、中高年や高齢者に意外に人気で使う人も少なくないのが、SMS(ショートメッセージサービス)です。

ご存じの方も多いかもしれませんが、電話番号のみでテキストメッセージのやりとりを行うことができます。スマートフォンでなくても、いわゆるガラケーでも対応しているものがあります。

ドコモやau、ソフトバンクなどが提供している「キャリアメール」やグーグルが提供している「Gメール」などがインターネットを介して送受信されているのに対して、SMSは音声通話回線を用いてメッセージのやりとりを行います。

言ってみれば、音声通話の回線にテキストメッセージを乗せて送っていく、と考えればわかりやすいかもしれません。電話でやりとりする代わりに、文字のテキストでやりとりする、ということ。ですから、メールアドレスも必要なく、電話番号だけで文字の送受信ができる仕組みです。

日本では、携帯電話会社ごとにサービス名が異なっていて、ドコモでは「ショートメール」、ａｕでは「Ｃメール」、ソフトバンクでは「ＳＭＳ」と呼ばれていますが、サービス名が違っても互換性があり、別の携帯電話会社間でも相互に送受信をすることができます。

特にサービスの申込みは不要ですから、携帯電話やスマートフォンの音声通話を契約していれば、誰でも使うことができます。受信にはお金はかかりませんが、送信にはお金がかかります。一通ごとに三円です。通話料の月額料金に含まれることもあります。

ただし、ＳＭＳで送信できる文字数は上限が決まっています。特に他の携帯電話会社との間で送受信できるのは「全角七〇文字」（半角英数字一六〇文字）まで。基本的には、七〇文字以内でしか送受信ができないということです。

中高年以上の間でＳＭＳが人気なのは、手続きや設定を何もせずにメールが送れる、というお手軽さにあるようです。また、送信も受信もとにかく簡単にできます。

ネックがあるとすれば、文字数の制限です。制限を超えた文字数を入力してしまうと、「文字数がオーバーしていて、送ることができませんでした」というアラームを受け取ることになります。

また、送信が有料である、ということでしょうか。ただ有料だからこそ、おかしなメール、迷惑メールがやってくることが少ない、ということがいえます。

着信に気づきやすく、開封されてメッセージが伝わりやすい、というのも魅力のひとつのようです。

いずれにしても文字数が限られますから、SMSの場合は送る前に、用件をしっかり整理しておくことが大切です。七〇文字以内で五月雨《さみだれ》式に送っていく方法もありますが、受け取るほうは、次々にSMSがやってくるのは、あまり気持ちのいいものではありません。特に、それほど親しくない間柄であれば、なおさらです。

逆にいえば、挨拶文やマクラは不要です。ただ、メッセージの送り先が電話番号だけになることもありますので、冒頭に名前を入れるといいでしょう（電話番号が電話内の住所録に登録されていれば、送り主の名前になることもあります）。

その後は、コンパクトに用件だけを書けばいいわけですが、**ショートメッセージのような短い文章を書くコツは、文章ではなく箇条書きを意識することです。**

これとこれとこれを伝える。伝える要素を箇条書きにするつもりで頭に描いておいてから書き始める。いっそのこと、箇条書きにしてしまってもいいかもしれません。無理に文章にしようとするよりも、的確に用件だけを相手に伝えることができます。

箇条書きであろうが、文章であろうがいいのです。相手にきちんと情報を伝えることができれば。文章は、情報伝達のツールでしかないのですから。

†LINEはなぜ、これほどまでに大ヒットしたのか

インターネットを使ったコミュニケーションツールとして、この一〇年足らずで爆発的に広がったものといえば、無料通信アプリがあります。その代表的なものが、「LINE（ライン）」です。

LINEは、LINE株式会社が提供するソーシャル・ネットワーキング・サービス（SNS）です。今や日本人の二人に一人が利用していると言われています。スマートフォンやタブレット、パソコンで利用できるアプリケーションですが、登録が必要になります。

例えば、スマートフォンであれば、利用登録時に電話認証で電話番号が確認されます（この確認に使われるのが、先のSMSです）。登録ができれば、アプリを使ってメッセージのやりとり（LINEではチャット／トークと呼ばれています）ができます。LINEでのやりとりはインターネットを介して行われ

ますから、通話料はかかりません。

また、LINEは電話としても使うことができます。他にも、ゲームや音楽などの関連サービスも楽しめるコミュニケーションツールになっています。

LINEで最も使われているのは、「トーク」と呼ばれているチャット機能、いわゆるメッセージのやりとりです。テキストメッセージや写真、動画などを会話スタイルで、リアルタイムにテンポよく送ることができます。

そしてもうひとつの特徴が、イラストで気持ちやメッセージを手軽に伝えることができる「スタンプ」です。かわいいものからユニークなものまで膨大な種類があり、ユーザーはスタンプを使ったコミュニケーションも楽しんでいます。

LINEは、相手がメッセージを読んだことがわかると「既読」の文字が出ます。メッセージを送った側は、相手が読んだかどうか確実にわかる仕組みです。

私は、LINEというサービスがスタートした背景を取材したことがあります。東日本大震災のとき、様々な情報が錯綜しました。電話はもちろん、メールのやりとりも困難になりました。こんな時にも、リアルタイムに、もっとシンプルに送れるものができないか、という思いが背景にあったということです。

ですから、まるで会話しているかのようにテンポ良く、メッセージがやりとりできるような画面の作りになっています。

ということで、LINEではメールのような堅苦しいコミュニケーションはいらない、というのが前提です。わかりやすい言葉でいえば、かなりカジュアルにメッセージを送っても、失礼にはなりません（もちろん、それほど馴染みのない人とのコミュニケーションは、それなりに気遣いが必要になりますが）。

それこそ、話すつもり、会話するつもりで、短いメッセージをどんどん送ってもかまわないのが、LINEです。簡単な挨拶だけ入れて、用件をどんどん書いていく。メールほど、かしこまる必要はありません。短い文章、会話で使うような言葉をどんどん入れていけばいい。

むしろ、長いメッセージはLINEには合いません。もし、長いメッセージを送りたいと考えるなら、メールを送ったほうがいいと思います。

実際、私は仕事のやりとりで、LINEや、同じようなサービスで後に解説する「フェイスブック・メッセンジャー」を使うことはありません。それは、長い文章を送ったりすることに合わないと思えるからです。

せっかくですから、「?」「!」といった感嘆詞を積極的に使って感情表現をしたり、スタンプをチェックしておいて、いいと思うものを使ってみたりするのも楽しいと思います。

冒頭で「うまい文章はいらない」と書きましたが、その確信を改めて得たのが、実はこのＬＩＮＥのブームでした。ＬＩＮＥはコミュニケーションツールとして、当たり前のようにみんな使っている。

文章は苦手、嫌い、という人も、嬉々としてＬＩＮＥを使っていました。その理由は、私はこういうものだと思いました。

「ＬＩＮＥで、うまい文章を書こうとしている人などいない」

うまい文章を書こう、などと思わなければ、みんな気軽に肩の力を抜いて文章を操れるのです。それで十分なのです。なぜなら、何度も書いているように、文章はコミュニケーションツールだから、です。

文章そのものを楽しんだり、楽しませたりするのはプロの作家の仕事です。そうではなくて、内容ややりとりを楽しむ。それこそが、コミュニケーションの楽しさなのです。ＬＩＮＥは、そのことを教えてくれたのだと思います。

だからこそ、これほどまでに大ヒットしたのだと思うのです。

†SNSの象徴的な存在、フェイスブックとは何か

ＬＩＮＥがそのひとつに数えられることもありますが、インターネットが生まれて、この数年で大きく利用者が増えたのが、ＳＮＳ（ソーシャルネットワーキングサービス）と呼ばれるサービスです。

平たくいえば、インターネット上で社会的なネットワークを構築可能にするもの。人と人とのつながりを促してくれたり、サポートしたりしてくれる「コミュニティ型の会員制のサービス」と言い換えてもいいかもしれません。

ＳＮＳの目的は、個人と個人、あるいはコミュニティの中でのコミュニケーションです。利用者はサービスに会員登録をすることで簡単に利用ができ、もともとの仲間とつながったり、会員とつながったりすることができます。既存の参加者からの招待がなければ、参加できないサービスもあります。

ＳＮＳで最も有名なものといえば、アメリカの代表的なＩＴ企業として数えられるまでに成長したフェイスブックです。世界で一三億人以上が使っていると言われています。代表的なＳＮＳとして、フェイスブックの仕組みをご紹介することにしましょう。

フェイスブックに登録すると、登録している人同士で友達になることができます。例えば、友人がフェイスブックに登録していれば、その友人とフェイスブックでつながることが可能になります。

そうすると、その友人たちが投稿した情報を見ることができます。いろいろな「フェイスブックの上の友達」が投稿した情報が日々、飛び交っています。面白い映画を見に行った話もあれば、おいしいレストランの話、懐かしい友人と久しぶりに会った話、趣味のサークルの飲み会で盛り上がった話といったプライベートな情報から、スポーツについて、社会的な問題や課題、政治や経済について、別のインターネット上の記事を掲示しながらコメントをする人もいます。

フェイスブックがまずユニークなところは、友達がどんどん拡大していく仕組みになっていることです。例えば、高校時代の友人とフェイスブック上で友達になると、「もしかして、この人も友人なのではないですか？」と別の高校時代の友人の情報がフェイスブックから流されてきたりするのです。

そんなふうにして、続々と高校時代の友人たちが友達に加わっていった、というケースも少なくありません。また、例えばこの「高校時代の友人」たちだけでの「コミュニテイ」を作ることも可能です。

限られた友人たちだけで同窓会について相談をしたり、仲間内で盛り上がるような内容を投稿したり、近況を報告したりすることができます。

あるいは、趣味の釣りについてよく投稿していたら、釣りを趣味にしている会ったことのない人から、「友達になりませんか?」とリクエストがやってくる仕組みもあります。一度も面識はないけれど、同じ共通の趣味などで、どんどんフェイスブック上の友達が増えていくのです。

会員になれば自分に投稿することができますが、フェイスブックに登録している人であれば、誰でも見られる「公開」情報にするか、それともフェイスブック上の友達に限定して見られるようにする「友達」情報にするか、選択することができます。

操作によっては、特定の誰かだけ、あるいは特定の誰かには見せない、という投稿にすることも可能です。

そして最大の特徴は、投稿した情報に対して、「友達」あるいはフェイスブックの会員から、反応があることです。誰かが投稿したものについて、どんなふうに感じたか、アクションができたり、コメントができたりするのです。

象徴的なのが、「いいね！」ボタンです。この投稿について「いいね！」と思えば、ボタンを押せる。「超いいね！」「悲しいね！」「すごいね！」「ひどいね！」などで感情を表すこともできます。

当然ではありますが、投稿をして見てもらって「いいね！」を押してもらえたら、誰でもうれしいものです。こんなに多くの人が見てくれていて、「いいね！」と言ってくれるのか、と体感することができる瞬間です。また、いろいろなコメントもまた、楽しいやりとりになります。

まさに、この「いいね！」こそが投稿のモチベーションになって、多くの会員の投稿を誘い、自分の友達が投稿したものが見られる画面「ウォール」を盛り上げてくれる。自分も投稿することで、自分の友達のネットワークを活性化させていくことができる。それが、フェイスブックなのです。

†「自分の文章」を簡単に発信できる時代

若い人の間で爆発的なブームになり、テレビでも若いタレントがよく使っていると語っているものに「インスタグラム」がありますが、これはフェイスブック社が展開している別のSNSです。

フェイスブックが、それなりの文章を書くことができるのに対して、インスタグラムは主に写真や動画を中心に投稿が行われ、よりすばやく簡単に友達の投稿が見られ、アクションが起こせる仕組みになっています。

また、フェイスブックには「フェイスブック・メッセンジャー」という無料通信アプリのサービスもあります。フェイスブック版のLINE、とでも説明すればよいかと思います。簡単にメッセージのやりとりができ、ファイルや写真も送ることができますし、無料で通話をすることもできます。

SNSといえば、「ツイッター」という名前を耳にすることが多い、という人もおられるかもしれませんが、ツイッターはフェイスブックに比べるともう少し仕組みが複雑です。また、一度の投稿は一四〇文字（半角だと二八〇文字）という文字数制限があります。

本書は「文章を書く」ことを主眼にしている一冊でもありますので、それなりの量の文章が書けるフェイスブックについて、詳しく書いていくこととします。

フェイスブックの楽しみは、会員によって人それぞれのようです。自分の友達たちの投稿によって、最近の彼らの動向がわかって面白い、とウォールを眺めているのが中心、という人もいます。

インターネット上にあるニュース記事や解説記事、ブログなどを紹介してくれる人もいますので、それを自分の情報網のひとつにしている、という人もいます。

一方で、自分自身が投稿するのが楽しい、という人もいます。実際、プライベート情報から仕事関係まで、さまざまな投稿が飛び交っています。

もちろん友人同士でつながることができたり、新たな友人がインターネット上で見つかったり、自分では探し得ないような記事を見つけられたり、とフェイスブックならではの魅力があるわけですが、これほどまでにフェイスブックが拡大していったのは、自分自身で簡単に情報発信ができるようになったことにあるのではないかと思います。

かつては、自分のことを発信していく、などというのは本当に難しいことでした。新聞や雑誌などのメディアに書いたりすることができるのは、一部のプロに限られていたからです。

それこそチャンスは、新聞や雑誌、情報誌の読書欄への投稿や、論文などを求める賞などへの応募くらいしか、なかったのではないでしょうか。

ところが今や、フェイスブックに登録するだけで、いとも簡単に自分の情報が発信できてしまえるのです。

インターネットが現れて以降、掲示板で情報をやりとりしたり、自分でホームページを作る人や、ブログを作ったりする人も出てきましたが、インターネットに詳しい人がやっていること、というイメージが強かった。

実際、テクニカルな面も含めて、ホームページしかり、ブログしかり、インターネットから自分で発信することは高いハードルがあったと思います。ところが、そのハードルを一気に下げたのが、ＳＮＳであり、フェイスブックだったのです。

投稿するためのカセットの中に、文章を入れるだけで、あっという間に投稿ができてしまえる。写真や動画もアップできる。友達に対してはもちろん、日本の人たちに、もっといえば世界に対しても発信できてしまえる。こんなことができた時代は、過去になかったと思うのです。

しかも、ちゃんと読者が読んでくれている、ということが「いいね！」やコメントで見えてきます。自分が書いた文章で、人がリアクションしてくれる、という楽しみを味わうことができるということです。

その意味で、自分の情報を発信していく、自分の文章を世に送り出すとき、最初のきっ

かけとして、フェイスブックはとてもいい場所になると思います。

ただ、いとも簡単に投稿ができてしまうゆえの難しさ、もあります。

†どんな投稿があるのかチェックして、学びに変える

フェイスブックを始めたら、あるいはすでにやっている人も、まずやってみてほしいことがあります。それは、果たしてどんな投稿が行われているのか、チェックしてみることです。「相場観」の確認です。

どんな人が、どんな投稿をしているのか。どんな投稿が多いか、どんな投稿があるか。どんな投稿が評価されているのか。投稿を見てどんなふうに感じたか……。

フェイスブックという「書く場所」について、しっかりチェックしてみるということです。そうすることによって、ピント外れな投稿を防ぐことができます。

個人的な印象ですが、フェイスブックは明るい雰囲気、前向きでポジティブな雰囲気を大事にしているように感じます。だから、投稿者もそういう投稿をすることが多い。

例えば、親族の不幸など、ネガティブな出来事が起きていたとしても、そのままネガティブで終わってしまうのではなく、「これをバネにポジティブに頑張る」というトーンで

投稿を終える。そういうものに、「いいね！」が集まります。

そしてもうひとつ、ぜひやってみてほしいのが、それぞれの投稿について、自分なりに評価してみることです。投稿者としての目、客観的な目というよりは、読者の目線で評価する。

そうすると、「お、この投稿は好印象が持てるな」というものもあれば、「なんだか、これは今ひとつだな」と思えるものも出てくるはずです。それは自分が投稿する上での、大きなヒントになります。

そして、「この投稿はいいな」と思えるものは、どうしてそんなふうに感じたのか、自分なりに分析してみるといいと思います。「つい読んでしまったもの」「いいね！を押したくなったもの」は、どういう投稿だったか。

逆に、「これは今ひとつ」と思った投稿は、どういうところに、その理由が潜んでいるのか。自分なりに考えてみるのです。

そうすると、例えば好印象のものが、「難しい言葉を使っておらずスラスラ読めた」「書き出しにインパクトがあった」「記述が具体的でわかりやすかった」「上から目線ではなく、誠実な書き方がされていた」といったことに気づけると思います。

もっといえば、相手に読んでもらうことを意識しているか、ということがはっきりわかる文章と、そうでない文章がよくわかるのも、フェイスブックだったりします。

投稿ですから、誰かに読んでもらうために行っているはずですが、中には明らかに読み手が意識されておらず、自分本意で文章が垂れ流されているものがあります。一方、「誰かに読んでもらいたい」と読む人のことをイメージして書いてあるものがある。間違いなく、両方あるのです。

こうして、他の投稿から「相場観」を得て、自分の投稿に活かしていくことは、大いに有用です。何より、同じ「書く場所」に多くの人が投稿をしているわけですから。

書いてみるときにまず大事なことは、「誰に」というメイン読者をイメージすること、そして「真の目的」に頭をめぐらせてみることです。どんな人に、どういうメッセージを発信していきたいか、ということ。

「良かったね」と一緒に喜んでもらいたいのか、「そうなんだ」と驚いてもらいたいのか、「そうだよね」と共感してもらいたいのか、「そんなふうに考えるのか」と知ってもらいたいのか、「こうしよう」と提案したいのか……。

投稿するわけですから、そこには何らかの狙いがあるはず。まさに「誰に」であり、

「真の目的」ですが、それをはっきり意識することです。

その上で、投稿したい内容の素材を整理する。あとは、その「素材」を「誰に」話して聞かせるとすれば、どんなふうに構成していくかを考える。それを話すつもりで書いてみます。

フェイスブックは長文投稿も問題ありませんが、多くは長くて四〇〇字ほどでしょう。自分の身の回りで起きたこと、うれしかったこと、びっくりしたこと、発見したこと、さらには自分が考えていることなど、いろんな場所で見つけた「素材」を投稿してみるには、とてもいい場所だと思います。

フェイスブックへの投稿そのものから、学べることもたくさんあります。何が評価され、評価されないかも見えてくるからです。

また、写真も同時にアップロードできます。文章に合う写真を探してきたり、自分が撮ったイメージ写真と組み合わせたりすることも有効。フェイスブックでは、多くの投稿者が写真を活用しています。

†「自分」という「相場観」に特に気を付ける

フェイスブックを眺めてみて、「これはいまひとつの投稿だな」と思えたものが、どんなものだったか。いいな、と思うものを参考にするのもいい学びになりますが、そうでないものもまた、大きな学びになります。

自分はどんなところに、「今ひとつ」感を持ったのか。何が印象を悪くしているのか。自分ならこうするのにな、と思ったところはどんなところだったか……。ぜひ、イメージをめぐらせてみてもらえたら、と思います。

「長々としていて、読みにくい文章だった」「難しい語彙が使われていて、よくわからなかった」「行替えなしで文章がみっしり埋まっていて読みづらかった」「クヨクヨとネガティブなことばかりが書かれていた」……。

いろんな理由が見つかると思いますが、そう感じたことはやらない、と学びにすればよいということです。

ひとつ、印象を悪くしている可能性があるものが、「自分の相場観」を持っているかどうかです。これこそ、SNSの投稿で最も気を付けなければいけないところだと私は感じ

ています。

要するに、「そういうことを文章で発信していくのに、自分はふさわしいのか」ということに常に立ち戻ることです。先に、新人作家が『職業としての小説家』などというタイトルの本は出せない、という話をしましたが、これと似たようなことをSNSはしでかしてしまいがちなのです。

例えば、政治に一家言あるとして、家族に一人ごとのように言ってしまうことは、まったく問題ないことかもしれませんが、SNSで世の中に発信していくとなると、やはり注意をしなければいけません。

自身が政治評論家を職業にしているなら別ですが、多くのケースで、政治に詳しいといってもやっぱり素人です。そして何より、投稿を見ている人たちにとっては、そう映っている、ということを忘れてはなりません。それなのに、大上段からまるで政治評論家がするような話をしてしまったら、そこには大きな違和感が出てきてしまうのです。

政治の話をするべきではない、ということではありません。これは政治の話に限りませんが、スポーツでも芸術でもビジネスでも、「自分」という「相場観」をしっかり認識して発信していく必要があるということです。そうでないと、「素人が何を言っているのか」といった誤解を招きかねないのです。

先に、会社に提出するレポートには、新入社員に求められるレポートと、五〇代のベテランに求められるレポートがある、という話をしましたが、政治評論家にできるコメントもあるなら、そうでない素人だからこそできるコメントもあります。それを意識することです。むしろ、政治評論家にはできないコメントを考えたほうがいい。

妙に背伸びしたり、上から目線になったり、知ったかぶりをしたりしない。そんなことをすると、相手には歪んだ「相場観」として読み取られてしまいます。

逆に、自分が詳しい専門領域があるのであれば、どんどん披露していったらいいと思います。そのときに気を付けるべきは、「読み手のベネフィット」を意識することです。

読んでくれている人は、忙しい最中に投稿を読んでくれているわけです。そうであるなら、何らかのベネフィットを与えたい。それは、必ずしも知識のようなものである必要はありません。

これは読み手になれば気づくことでもありますが、楽しいひととき、幸せな瞬間を過ごしている、という文章を読むと、こちらまで心地良くなることがあります。そういう気分を味わわせてもらえただけでも、ベネフィットだと思います。

何か大変なことがあって、でもめげずに頑張ろうとしている、という前向きな意識も、読む人を元気づけるものです。これも、立派なベネフィットです。

何かの知識であれ趣味であれ、自分が知っている詳しいことや、だからこその視点、コメントなども、読み手にとってはベネフィットになります。このときは、「自慢めいた話になるかな」などと思わず、「読み手の役に立てる」と思って、堂々と投稿することです。「きっと役に立てる」「喜んでもらえる」といった、あくまで相手のベネフィットを意識した投稿であれば、決して悪い印象を持たれることはないと思います。

「自分」という相場観に気を付けること、相手のベネフィットを意識すること。役に立てると感じるのであれば、堂々と役に立とうとすること。

こうした投稿が行われれば、きっと高い支持を得られるはずです。

フェイスブック上でのベネフィットがどんなものか。それを知るためにも、まずはじっくり、他の投稿を眺めてみてほしいのです。

そして投稿する際には、慎重さを忘れないこと。ちょっと微妙かもしれないな、と思うときは、書いたあとに時間を置いて、文章を少し「寝かせて」、冷静な目でもう一度見てから投稿してみる、というのもいい習慣になると思います。

私もフェイスブックに投稿しています。ときどき、「さすがに書く仕事をしている人は投稿が違うね」と言われたりすることもあります。公開投稿もたくさんありますので、よろしければ参考にしていただけたら、と思います。

第五章のポイント

㉕文章は「凶器」にもなりうる
㉖メールには「まくら」が必要
㉗ネットの投稿をチェックして、学ぶ
㉘SNSでは、特に「自分の相場観」に気を付ける

第六章

自分史、エッセイ、ブログを書いてみる

——持っている知見や経験、見聞を読んでもらおう

†大人としての、さまざまな知見を語ってほしい

文章について、いろいろな角度から語ってきました。いよいよ最終章になりましたが、「文章講座」の実践編として、ぜひ学んだことをアウトプットしてみていただければ、と思います。

そのひとつとして、中高年の方にお勧めしたいのが「自分史」なのです。過去にどんなことをしてきたのか。どんな人生を歩んできたのか。何が人生の転機になったのか……。自分がやってきたことを記録に残したい、と考えている人は多いようです。

しかし、自分史を書くのは、とてもハードルが高いと考えている人も少なくありません。いったい、どこから書き進めていいのか、わからない。どうやって書いたらいいのか、わからない。何から始めればいいのか、わからない。

私は、経営者などのブックライティングをたくさん手がけていると書きましたが、それは言ってみれば、著者の、経営者としての自分史でもあります。その本づくりのプロセス、方法論は、きっと多くの方の自分史づくりにお役立ていただけると思います。

まず、どうして自分史がなかなか書き進められないか。それは何のために書くのか、が

はっきりしていないから、に他ならないと思っています。「誰に」も、「真の目的」もないのです。これこそまさに、小学校のときに学んだ作文の呪縛と同じ事態です。「誰に」もはっきりしていない、「真の目的」もはっきりしていない。これでは、なかなか腰が上がらない、何を書いていいのかわからない、となるのは当然です。

私がぜひ、中高年の方に意識していただきたいのは、人生の先輩として、人生の後輩たち、とりわけ若い世代にメッセージを残してほしい、ということです。大人としての、さまざまな知見を語ってほしいのです。

過去に蓄積した仕事の知識、仕事に向かうにあたり持っておいたほうがいい仕事観、多くの人とのつながりで得た人生訓、さらには日本国内、世界を見てきた見聞、そして長い人生を送って積み重ねてきた経験、人とは何か、生きるとは何か……。

こうした経験や知見、思いを、若い人たちに伝えていってほしい。理由はシンプルで、それはそのまま、若い人たちにとっての「ベネフィット」になるからです。

私は著名な経営者やコンサルタントの書籍制作のお手伝いをしてきましたが、若い人たちが学びを得るべきなのは、実はそうした著名な人たちだけではないのではないか、とずっと感じてきました。

書籍の著者になるのは、起業家だったり、社長にまで登り詰めた人だったり、特殊な技能や経験を持った人だったりしますが、考えてみれば、ビジネスの世界でも、こうした人のほうが、実は圧倒的に少ないのです。

むしろ、そうでない人の仕事観や人生観こそ、多くのビジネスパーソンたちは学ぶべきではないか、と思っていたのです。なぜなら、ほとんどの人が、こうした人たちと同じような立場で生きていくことになるからです。

実際、書籍以外にもたくさんのビジネスパーソン、有名でもない、特殊な技能や経験もないビジネスパーソンにインタビューしましたが、優れた知見や仕事観、人生訓を持っている人は決して少なくありませんでした。

ビジネスの世界に限りません。職人として極めてきた経験。誰かをサポートしてきた経験。社員ではなくパートやアルバイトで培ってきた経験。専業主婦（主夫）としてやってきた経験。子育ての経験……。いろいろなものを、知見としてお持ちのはずなのです。

その知見を、次の世代に伝えていく。残していく。それをぜひ、目的にしていただきたいのです。

文章を書くための目的をはっきりさせることには、実は大きな効能があります。それは、文章がとても書きやすくなる、ということです。「誰に」と「真の目的」がはっきりするのです。

誰に、なんのために文章を書くのか、よくわからないまま何か書こうとするのと、こんな人たちに、こんなことを伝えたいと意識して書くのと、どちらが書きやすいか、ご想像いただけると思います。実際、「自分史なんて……」と思っていた人も、このことに気づくと、書く意欲が一気に高まってくると思うのです。

†「誰に」をイメージすれば、書くことが見つかる

自分史づくり。まず始めるべきことは、相場観をイメージしていくことです。「誰に」「真の目的」「書く対象」「書く場所」「社会情勢」さらには「自分」。

仕事ではありませんから、完璧な相場観を確立させなければいけないわけではありません。ただ、できるだけはっきりしたほうが、より書きやすくなります。

たとえば、「誰に」。この自分史を読んでもらいたいのは、誰なのか。二〇代の新入社員に向けて読んでもらうのと、四〇代で初めて部長に就任した人に向けて読んでもらうのとでは、内容はずいぶん変わってくるでしょう。

できるだけ「誰に」は絞りたいところですが、絞れば絞るほど、語れる内容は少なくなっていってしまうのが事実です。そこでひとつの方法としては、内容ごとに「誰に」を変えていく、という方法があります。

一番わかりやすいのは、自分が体験してきた年代を、そのまま対象に据える、ということです。二〇代の経験は、二〇代の「誰に」を意識する。三〇代の経験は、三〇代の「誰に」を意識する。特定の誰かや、知り合いを思い浮かべてもいいでしょう。

もっと細かく、「就職に迷っている大学生」「五月病にかかって会社を辞めたくなってしまった新入社員」「三年で転職を考え始めた若手」「結婚が決まったとき」「子どもが生まれたとき」など、シーンを思い浮かべてもいいと思います。

このときには、「誰に」の人が抱えている課題にフォーカスすることです。何度も書いているように、読み手にはベネフィットを提供したい。そのベネフィットで最もシンプルなものは、今抱えている課題が解決することです。

したがって、人生における課題は、そのまま「先輩の知見を知りたい」という目的になっていくのです。こうして書いていくと、ピンと来た方もいらっしゃるかもしれませんが、「誰に」や「どんな人に」をイメージしていくと、実は書く内容がどんどん浮かんでくることになります。

何を書こうか、ではなくて、何を書かないといけないか、ということが見えてくる、といってもいいと思います。自分が書きたいことではなく、読み手の「誰に」のために何を書いたほうがいいのかが、わかるのです。

そして同時に、「誰に」が抱えているであろう課題について、いろんな角度から自分なりの解決策をアドバイスできることにお気づきになったのではないかと思います。それこそが、読み手の知りたい知見、なのです。

実際のところ、多くの人が人生において共通の課題をさまざまに抱えてきたはずです。それを一足先に経てきた人の話は、きっと聞きたいと思うのです。しかも、さまざまな角度から。いろいろな経験に基づいて。ここにこそ、たくさんの人が、いろいろな人生の課題について語っていくという「真の目的」があります。

「いやいや、自分の経験なんて……」と思われるかもしれませんが、その経験が読み手にとってベネフィットになるかどうかは、実は読み手が決めるのです。勝手に「役に立たない」などと思ってはいけません。

それを知るためにも、ぜひ取り組んでみていただきたいのが、読み手となる下の世代について、アンテナを立ててみることです。「誰に」となる読み手は今、どんなことに悩んでいるのか。どんなことに苦しんでいるのか。

世代ごとに、どんな課題を抱えているのか。それに対して、どんな答えが世の中として提示されているのか。雑誌を読むことでもいいし、インターネットを見ることでもいい。若い人がどんなことを考え、思っているのか、探ってみる。

こうしたことを知っていくのも、相場観づくりのひとつです。そして、「誰に」がどんな状況にあるのか、理解をすればするほど課題が見つかり、「書く対象」が浮かんでいくことになります。そして実は、「誰に」へのイメージを膨らませ、その課題の解決ができるのではと思うことが、書くことの大きなモチベーションになっていくことに、やがて気づかれると思います。

間違ってもやってはいけないのが、「自分が書きたいこと」を一方的にイメージしてしまうことです。これは、書くことが好きな人を除いて、書くのがつらくなるのです。

私は三〇〇〇人以上の人々に取材してきましたが、ひとつ自分なりに見えてきたことがありました。それは、「誰かの役に立てる」ことこそ、最大の喜びだ、ということです。書くことが喜びに変われば、それは大きなモチベーションになります。

だからこそ、「誰に」書くのかをできるだけ具体的にイメージすることです。それは、自分が書く意味を教えてくれるのです。

†そのテーマは現代では、どう受け止められているか

「誰に」と、その課題をイメージし、書くテーマ「こんなことを書けばいいかな」が見えてきたら、次にぜひやっていただきたいのは、そのテーマが現代ではどう受け止められているか、です。これも「相場観」づくりのひとつです。

例えば、転職すること。「七五三」という言葉がありますが、中卒で七割、高卒で五割、大卒で三割が、三年以内に会社を離れてしまう、というのが今の世の中です。

しかも、昔は転職をすれば、多くのケースで失うものも大きかった。ネガティブな転職理由が少なくなかったからです。ところが今は、第一志望だった会社に新卒では入れなかったけれど、転職でステップアップ入社する、なんてこともできる時代です。

もともと企業側の意識が変わりました。日本全体が人手不足の世の中になり、とりわけ若い人は獲得競争が起きている。新卒で採用できなければ、既卒者でもかまわない、という会社が当たり前のようになっているのです。

こうした状況が当たり前のようにある中で、「転職はまかりならん」「世の中から、いいイメージは持たれない」などという、自分が若い頃の常識のもとでメッセージを書けば、大きな乖離が出てきてしまうでしょう。**今の状況がどうなのかを理解しながら、書く内容を定めていく必要があります。**

ただ、だからといって今の世代に迎合し、それを肯定しろ、とは私は言いません。もしかしたら、今の現実からは簡単には見えてこない意外な真実に、大人であるがゆえに、お気づきなのかもしれないからです。それをこそ、書いてほしい。

例えば、「社内から転職組がどのように見られていたか」「実は役員は全員が新卒入社のプロパーだった」「転職組は最終的には冷や飯を食わされていた」といった話があるのであれば、それは「課題」を抱えている若い人に大きなメッセージになるでしょう。

転職を踏みとどまらせるだけではなく、転職した際にはどんなことに気を付ければいいのか、まで書き進めることができたら、これもまた大きなベネフィットが与えられると思います。

一方で、就職に関しては、長い仕事のキャリアで得てきた思いをぜひぶつけてほしいと思います。選ぶことができる会社は最終的には一社しかない、ということは、今も昔も変わらないからです。

　私は求人広告のコピーライターを経て、新卒に向けた就職雑誌の記事づくりなどもするようになっていったのですが、そこでいつも不満に感じていたことがありました。雑誌では、一足先に就職した人たちの先輩談がとても人気でしたが、その先輩はせいぜい三年目から五年目くらいの人たちだったことです。

　入社三年目、五年目の先輩にもらえるアドバイスというのは、いったい何なのか。私には、意味がわかりませんでした。結局、表面的な就職のアドバイスになってしまうのではないか、と。実際、そうだったと思います。仕事について語れるほどの経験もないのです。

　私がずっと企画を出していたのは、「人生の大先輩に聞きに行く」というものでした。それこそ二〇年、三〇年と会社に勤めた人の話を聞く。定年した人の話を聞く。戦前を経験した高齢者に聞きに行く。三〇年勤めたからこそ、激動の人生を過ごしてきたからこそ、見えてくる就職観があるはずだと思ったのです。

　会社に入る時点で、数年で辞めようと思っている人はいません。みんな長く働きたいと思っている。ならば、長く働いている人の話をどうして聞かないのか。定年を迎えた人たちの話をどうして聞かないのか。彼らが就職をどう考え、今の若い人にどうアドバイスをするのか、とても興味がありました。

というのも実は、私は大会社の社長にもたくさんインタビューをしているのですが、彼らの多くが決まって同じことを言っていたからです。

「この会社は、実は第一志望ではなかった」

それどころか、「入るつもりはまったくなかったのだが、たまたま同級生と一緒に説明会に行くことになった」「先輩に無理矢理、強引に決めさせられた」などという人もいました。社長にまで登り詰めた人が、こういう人たちだったりしたのです。

しかし、だからこそ、肩の力が抜けるのだと思います。みなさん自然体で素直に仕事をし、であるがゆえに上司に可愛がられ、どんどん昇進して社長にまでなってしまった。

偶然に身を任せる。直感を信じる。考え過ぎない。運命に委ねる……。こういった就職の選択も、私は大いにありだと思うのです。実際、そんなふうに思っている方も少なくないのではないでしょうか。そもそも二〇年後、三〇年後のことなど、誰にもわからないのです。こういう話をこそ、若い人にしてほしいと思っていたのでした。

ちなみに、多くの社長に撮影の合間にこんなことを聞いていました。

「どうして社長になれたんですか?」

これまた面白いことに、多くの社長が同じことを言いました。

「社長になろうと思っていなかったから、じゃないですか」

逆に、社長にならなかった人は、社長にならなかったからこそ、出世をしなかったからこその、ポジティブ面もあったはずです。

人生の先輩には、いろんな就職観、職業観があると思います。それは若い人には、とても大きな学びになるのです。

†実は、いろいろなプロだった自分に気づく

そのテーマが現代にどう受け止められているか。他にも、子育てをめぐる環境の違いや、働き方改革なども大きな変化かもしれません。

今では、若い世代では共働きが当たり前の感覚になっていますし、長時間働くということは社会悪とも捉えられるようになった。そんな世の中の情勢を理解した上で、テーマ設定をしたり、書く内容を定めたりしていくことが必要になります。そして、自分史における相場観で重要になるのは、やはり「自分」です。自分はどういう人間であるのか。社会から見て、どんな立場なのか。どういうところに、説得力を持てるのか。

これはなかなか難しい考察でもあるかと思いますが、**端的にいえることは「自分は何が得意なのか」に気づくということです。**

営業の仕事を一度もやったことがない人が、営業の仕事について語るのは無理があるでしょう。また、システムについて知らないのに、システムについて大上段から書くことはできません。

となれば、できるだけ得意なこと、得意な立場から書いたほうがいいということになります。ただ、得意をどう定義するのかも、難しいところです。

そこで、そのときどきの「誰に」を意識したとき、この話を書いて説得力があるかどうか、この話を書ける立場にあるか、読み手にベネフィットが与えられるか、ということを考えてみるといいと思います。

やってはいけないのは、本当はよくわかっていないことを上から目線で断罪してしまうようなケースです。果たしてそれで、読み手は心地良く読めるか。納得感を持って読めるか。そういうところを、常に頭に入れておく必要があります。

そこで基本に据えたいのが、自分の経験をベースにする、ということ。そうすれば、具体性や説得性のない抽象的なメッセージや一方的な説教を避けることができます。

それこそ、多くの人が就職の経験は持っていますから、自分の経験をもとに就職についてはどんどん語ったらよいと思います。新入社員時代や二〇代も同じ。こうしておいて良かった。こういうところは反省点だった、といった話は、読み手の大いなるベネフィットになります。

一方で、「自分」の相場観を考えると、仕事以外でも、いろんな立場から書くことができることに気づけます。例えば、「消費者として」という立場。長年の経験は仕事のプロを作りますが、消費者としても数十年のプロ。その目線から、「こんな経験をした」「こんなふうにしてもらえたら」と語るのは、読み手にもベネフィットになると思います。マイホームなどの家の購入、マイカーの購入、子どもの教育費などなど。

また、結婚したり、子どもを持ったりしたのであれば、夫婦観や子育て観も十分に語れるでしょう。良かったこと、反省点など、今の世代の課題をイメージしながら、語っていくことができると思います。

もちろん、子どもの教育問題なども、若い夫婦にとっては重要関心事です。どうすれば、子どもをうまく育てていけるのか。どんな準備がいるのか。どんな接し方をすればいいのか。それこそ、私も聞きたいです。

老後の準備というのも、若い人の大きな関心事です。二〇代から、老後が心配なので貯金をする、という人もいる世の中です。老後の準備をどう考えるか。何をしておけばいいのか。大いなる関心事です。

相場観としてもうひとつ、重要になるのが「書く場所」ですが、これは現段階では確定させるのが難しい、というのが正直なところだと思います。どこかのメディアに掲載するというのは現実的ではない、というのも事実です。

そこでひとつ、イメージをしてはどうかと考えたのが、インターネット上のブログです。ブログは、言ってみればインターネット上の自分メディアです。何を語ってもかまわないし、文章が長くなっても問題はない。

ブログを書いている若い人たちも少なくありませんが、日記のように、あるいはSNSのように使っている人も多いようです。

フェイスブックのようなSNSでは、他の投稿との兼ね合いから相場観を考えていく必要もありますが、ブログはまったくの自由です。インターネットができる人なら、誰でも読むことができます。

それだけに相場観の設計としては、ちょっと使いにくいかもしれませんが、他の相場観の設計をしっかりしておけば、書くことには差し障りはないと思います。

文章は、ひとつのテーマで二〇〇〇字、というボリュームをお勧めしたいと思います。本一冊は二〇〇〇字の原稿が五〇本、とは先に書いたことですが、どうして二〇〇〇字なのかというと、頃合いのボリュームだからです。長すぎず、短すぎず、しかもそれなりの内容を書くことができる。

ブログに二〇〇〇字ほどの文章を連載していく「つもり」で、自分史を書いてみる。いかがでしょうか。実際に、まずは書いてみて、いずれブログに転載してしまってもいいかもしれません。

内容は必ずしも時系列になっている必要はないと思います。書きやすいところから書いてみるのも、ひとつの方法です。それもまた、何かに制限されないブログの強みかもしれません。

テーマが五〇個あれば、二〇〇〇字×五〇＝一〇万字。これは本一冊分の原稿になります。いろんな人のブログから書籍のネタを探そうとしている編集者もいますから、もしかすると本を出版することに、なんてこともありえるかもしれません。

ブログの作り方については、実のところ私も詳しくないのですが、「アメーバ」や「は

て な」といったメジャーなブログサービスのほか、最近では「note」のように簡単に始められるものも出てきています。こちらはぜひ、情報収集をしてみていただけたら、と思います。

文章の「素材」は、一度に出そうとしない

自分史を作るための相場観の話を書いてきましたが、すでに「あの話は書いてみたいな」「この話は若い人に聞かせたい」という内容が浮かんだ人もおられるかもしれません。ただ、単発のエピソード的な記事を書くのではなく、今回は自分史がテーマです。せっかくの機会ですから、いろんな角度から自分史の「素材」を洗い出してみることをおすすめします。

重要なポイントは、「一度にすべての素材を出そうとしない」ということです。先にも書きましたが、素材を洗い出すには時間がかかるのです。書くよりも、ここにこそ時間をかけてほしい。

そして、パソコンの前に座っても、まったく出てこなかったことが、駅まで歩いている途中で出てきたり、電車に乗っていてふと浮かんだり、本を読んでいるときに思い出した

り、というのはよくあること。

一度に出そうとせず、時間をかけてゆっくりと考えることです。そして、それをメモしていき、どんどん素材を補強していく。せっかくですから、本が一冊できるくらい、五〇のテーマ＝「書く対象」を目標に、取り組んでいただけたらと思います。

これは、私が本を作るときによくやる手法ですが、まずは大きな枠組みを設定しておくとよいと思います。そこから、浮かんだものをどんどん追記していきます。自分史では、こんな枠組みを出すことができるでしょうか。

・子ども時代（幼少期、小学校、中学校）　・学生時代（高校、大学）
・就職　・二〇代　・結婚　・三〇代
・子育て　・四〇代　・五〇代　・六〇代

それぞれの枠組みについて、どんなテーマ「書く対象」があるか、振り返ってリストアップしてみます。最初から「書く対象」を考えるのは難しいかもしれません。なので、とにかく思いついたエピソードをどんどんメモしていく、ということでもいいと思います。

印象に残った出来事、起きたことを書いていく。そのときに感じたこと、思ったこともメモしていく。素材はたくさんあればあるほど、書くときにラクになります。だから、どんどん増やしていく。逆に最も書くときにつらくなるのは、素材が足りないことです。

できるだけ具体的なシーンも思い出します。どんな場所だったか。誰がいたか。どんなものがあったか。どんな発言があったか。過去の写真を見たり、資料をひもといたりしていくのもいいでしょう。

一度に思い出すだけでは限りがあるので、時間を置き、何度でも同じシーンを思い出してみるといいと思います。そうやって、一つひとつ付け加えられていった素材が、エピソードをより印象的なものにしていきます。

もとより、そのエピソードの場所に読み手は同席していないのです。自分が感じたのと、同じだけの臨場感を読み手に感じてもらうためには、より具体的な記述が必要になるのです。

†エピソードはモチーフ。メッセージをしっかり持つ

書いてほしいと考えたのを、どうして自分史にしたか。それには一つ、理由があります。先にも少し触れましたが、経験やエピソードに即した話は、最も読み手に受け入れられや

すいからです。具体的な内容は読み手がその情景をイメージしやすく、すっと入ってくるから。裏付けがきちんとあるので、メッセージに納得感が持てるからです。

逆に読んでいてつらいのは、抽象的な内容が並んでいる文章です。「こうするべきだ」「自分はこう思う」「こんなふうにすればいいのに」……。極端な話、抽象的な内容というのは、誰にでも言えてしまうことです。

誰でも言えることを言われても、読み手はピンときませんし、ちっとも納得感がない。場合によっては、「そんなことは、当たり前じゃないか」「言われなくたって、わかっているよ」と思われてしまいかねない。

ところが、結論は同じ話でも、その裏付けや、その考えをもたらした具体的なエピソードが書かれていたりすると、読み手の印象はまるで変わるのです。「ふむふむ、なるほど」「そうだよな。こんな経験をしていたら、そうなるよな」ということになるのです。

だからこそ、自分史から若い人に知見を伝えてほしい、メッセージをしてほしい、とお願いした意味があります。自分の経験やエピソードから、発信していくことができるからです。それこそ、「事実」「数字」「素材」のエピソードがふんだんにあるのです。

逆に、そうしないと自分史の意味はありません。ただ思っていること、考えていることを書き連ねているだけでは、抽象的な話で終わってしまうのです。

ただし、自分の経験やエピソードを文章にするときには、注意をしないといけないことがあります。それは、経験やエピソードだけを語ってしまうだけでもいけない、ということです。もしかすると、普通に自分史を作ってしまったら、これをやってしまうかもしれません。

「誰に」も意識されず、「真の目的」もないままの自分史は、ただ自分に起きたことを書くだけ、でいいからです。しかし、今回の自分史は違います。「誰に」と彼らの課題を意識し、それに向かって自分なりの経験をもとにメッセージを発信していってほしい、というものです。

となると、実は経験やエピソードというのは、単なるモチーフである、ということにお気づきいただけると思います。経験やエピソードを読んでもらって、「ああ、面白かった」で終わるのではなく、ここから一歩踏み込んで「学び」にしてもらいたいのです。そこまでしっかり踏み込む、ということ。

書き手からすると、この経験、エピソードを使って、何が言いたいのかをはっきりさせていくのです。結論が必要になる。そこまで書いてあげて初めて、読み手に役に立つ「素

材」ということになるのです。

経験やエピソードを使って書くとはどういうことか。ひとつ実例をご紹介しておきましょう。拙著『成功者3000人の言葉』（飛鳥新社）から引用します。

人に聞くな

七〇代、八〇代の人生の大先輩のみなさんに取材するときには、聞いてはいけないことがあると知りました。それは、「これからどうすればいいか」という質問です。これを聞けば、ほとんどの場合で叱られるのです。

今もよく覚えているのは、二〇〇万部を超える大ベストセラーを出した著名な学者への取材です。それまでに機嫌よくお話をされていたのですが、「若い人はこれからどんなふうにすればいいでしょうか」という私の問いかけに、表情が一変したのでした。

「どうすればいいかなんて、人に聞くな」

一喝されました。そして、その理由を彼は語り始めました。なんといっても、彼らの中に強い衝撃を残しているのは、第二次世界大戦のことです。終戦の日の翌日から、昨日まで教えられていたことはすべて間違っていた、と否定されたのです。誰もが、予想もし得なかったことが起きた。

彼がそのとき学んだこと。それは「明日のことは誰にもわからない」ということでした。明日、何が起こるかなど誰にもわからない。にもかかわらず、人は明日、もっといえば、来月や来年や一〇年後を知ろうとする。しかし、その行為そのものに意味がないと気づかねばなりません。

そうはいっても、「どうすればいいですか」は聞きたい、ですね。私もそうでした。取材は私の仕事です。叱られながらも食らいついて、たくさんの高齢の方に聞きました。答えは極めてシンプルでした。

「明日のことなんて考えない。とにかく目の前にあることを一生懸命やる」

これは三〇代以降の私の行動原理のひとつになりました。わからない未来にばかり目を向けて、目の前の今に一生懸命になれていない人が山ほどいるのです。実はこれこそが、問題。年配の方々からの強烈なメッセージでした。

いかがでしょうか。エピソードをモチーフに使いつつ、メッセージを発信していく、というイメージがつかめましたでしょうか。

†例えば、会報誌への寄稿。エピソードがあれば困らない

エピソードをモチーフにしていく、というのは、自分史に限らず、「エッセイ」的なものでも同じです。例えば、何かの会報誌に文章を求められた、といった場合にも、エピソードをモチーフに文章を書いていく、というのは有効な方法です。

どんなに言葉を尽くしても、抽象的な文章には限界があります。それは、先に触れた、形容詞を使うか、「素材」＝「事実」「数字」「エピソード」を使うか、の違いにも似ています。また、抽象的な文章や表現をしようとした形容詞だけでマス目を埋めようとすると、大変な苦労を伴います。そうではなくて、「素材」＝「事実」「数字」「エピソード」にこそ目を向けるべき。それを、そのまま書いたほうが、よほど読み手には伝わるのです。

ただ、ひとつ注意をしなければいけないのは、その「素材」＝「事実」「数字」「エピソード」を使って、何を言いたいのかは、書き手がはっきり定めなければいけないということです。

逆にいうと、「あ、このエピソードは何かに書きたいな」と思ったときには、それがどういう結論としてメッセージしたいのか、まで考える必要があるのです。

例えば、駅まで歩いていく途中に、色とりどりに咲き誇っている美しい野草を見かけた。美しい野草を見かけたこと自体、うれしいことかもしれません。SNSであれば、これをそのまま写真を撮って共感を求めるのも、ひとつの使い方でしょう。

しかし、エッセイ的なもの、それなりのボリュームの文章ということになれば、美しい野草を見たこと自体を書くだけでは終わらせたくない。そこから一歩踏み込んで、野草を見たことをモチーフにストーリーを作りたい。

あるいは、何かのメッセージを伝えるのに美しい野草を見たことをモチーフに使うのも、ひとつの方法です。

春の息吹、でもいいかもしれません。美しいものを見ることの喜び、でもいいかもしれません。どうして土の中からこんな美しい色が出てくるのか、という不思議でもいいかもしれない。打たれ強さ、華やぎ、子どもとの思い出の大切さ……。いろいろなものがあると思います。

会報誌のようなものから寄稿を求められたときには、どちらかから発想してみることです。どんなメッセージを打ち出したいか。あるいは、最近あった興味深いエピソードからメッセージを導き出すか。

いずれにしても、伝えたいメッセージがあって、そのモチーフにエピソードを使う。エピソードは、より具体的な形で記述していく。そのためにも、きちんといろんなメモを取っておく。印象に残ったものは、必ず記録しておく。そうすることで、書くときにとてもラクになります。

実際、プロのエッセイストが書いた文章も、実は抽象的な記述などではなく、具体的なエピソードがモチーフになっていることがほとんどです。そのエピソードは出来事だったり、読書だったり、映画だったり、いろいろな体験だったりするわけです。

文章が書ける人、というのは、文字がどんどんわき出てくる人ではない、と私は思っています。こんなふうにエピソードがたくさん出せる人。それをきちんと記憶、記録している人。臨場感強く書き上げられる人。そしてそこから、何かのメッセージへとつむいでいける人、だと思うのです（だから、エピソードを得るべく、新たな刺激、出来事を彼らは積極的に求めていきます）。

寄稿文なども同じです。必要なのは文章の力の前に、エピソードをしっかり構築できるかどうか、なのです。忘れてしまわないよう、記憶が鮮明なうちに、しっかりメモを取る。

できるだけ詳細に、記述ができるようにしておく。五感をフルに駆使して、記録する。こういうことが、書く段になって大きく生きてくるのです。

そしてこれは、昔の出来事も同じ。その意味でも、自分史には大きな意味があります。たくさんのエピソードを思い出す機会になるからです。それはそのまま、文章のネタになります。

†「おっ」と思ってもらえるような「書き出し」を意識する

大事なことは、文章を書こうとする前にしっかり「素材」を集めておくことです。そして「素材」は、さあ書こう、と思っても、すぐに出てくるものではありません。だから、準備をしておく。

書くことが決まったら、できるだけ早いタイミングで準備を始める。じっくり時間をかけて用意し、それを忘れないようメモしていく。先の授業参観ではありませんが、「素材」を手に入れることができる場面が決まっているのであれば、どんどんメモを取っていくこと。五感を使って「取材」をすることです。

そして「素材」を意識するためにも、「相場観」を活用する。とりわけ「誰に」と「真の目的」を意識する。そうすることで、必要な素材が見えてきます。

素材が揃ったら、「何を伝えたいか」、メッセージを定めていきます。「素材」そのものはモチーフですから、書く段階では、その先にあるメッセージを見据える必要があります。「何を伝えたいのか」というメッセージが定まったら、素材をどう使っていくかを考えていきます。ここで考えてはいけないのは、小学校のときに教わった文章のセオリーです。起承転結やら、文法やら。そんなものは、実は読み手には何の意味もないからです。「ああ、この文章はしっかり起承転結で書かれているな」なんてことは誰も思いません。

そんなことよりも、「もし目の前に読者がいたとすれば、どんなふうに素材を展開していくか」ということを考えます。まずこれを伝えて、それからこれを言って、次にこれを言って……。

ここで、文章だから、と「文章のようなもの」で構成しようとすると、泥沼にはまってしまうことが少なくないのです。

何度も書いているように、文章はコミュニケーションのツールに過ぎません。話して伝えるのと、文章で伝えるのと、受け手にとっては大差はないのです。むしろ、読むのは面倒なので話してほしい、という人も少なくない。実際、読むのはとても面倒なのです。

文章は、そういう存在です。だから、わかりやすく書かないといけない。読みやすくしないといけない。難しい言葉を使ったり、なんとなくわかったようでよくわからない慣用句を使ったりする必要はまったくありません。そんなことは、小説家などプロの文章を除いて、文章の目的にはまったく合致しないし、読み手もそんなことは求めていないのです。

ただしひとつだけ、気を配らなければいけないものがあると私は感じています。それは、書き出し、です。書き出しがあまりに普通に始まってしまうと、読む側にはその文章がまったく魅力的に感じられないのです。

端的に、「私は〜」から始まる文章があると、私はまず読みたくなくなります。なぜなら、書いている人は「私」なのですから、そんなことはわかっていることだからです。

先にも書いたように、「読むのは面倒」「できれば読みたくない」「読者にベネフィットを」なのです。となれば、とりわけ書き出しには工夫がほしい。

「おっ」「えっ」「なんだこれは」「そうなんだ」「へーえ」「そうだよな」……。こんなふうに読み手に思ってもらえるような、意外な書き出しがほしい。

これは、第一章に挙げた『AERA』のような週刊誌の記事など、プロが作った文章をぜひ参考にしてみてもらえたら、と思います。決して、凡庸な始まり方はしていないはずです。

しかし、それは書き出しだけ、です。いわば読んでもらうきっかけとしての驚きや共感を与えたら、あとは素直に「誰に」に向けて構成をしていけばいいのです。実際、私自身もそんなふうにして、文章を作っています。

もっともっと多くの人が、書くことで楽しみを得てもらえたら、と思っています。書くことも楽しいですが、書いたことで喜んでもらえることこそ、最も楽しいこと。それを、たくさんの人に味わっていただきたいと思っています。

第六章のポイント

㉙「誰に」をイメージすれば、書くことが見つかる
㉚実は、いろいろなプロである自分に気づく
㉛「素材」は、一度に出そうとしない
㉜エピソードをモチーフに、メッセージをしっかり持つ
㉝「書き出し」を意識する

おわりに

文章講座の本なのに、「文章は単なる道具でしかない」「うまく書く必要なんてない」「話すつもりで構成すればいい」などというメッセージは、もしかするとびっくりされた方もおられたかもしれません。

そしておそらく、文章が得意で、書くことが好きで、うまい文章を書いてくることができた書き手の方は、こんな結論を導き出さなかったに違いない、とも思います。

しかし、文章が得意でもなんでもないおかげで、私は書くことで食べてくることができたのだと思っています。もし、私が書くことが得意だったら、果たしてどうなっていたか。逆に、こんなふうに、書き方の本など書けていたか。

その意味で、嫌いで苦手だったことを仕事にした幸運を思います。そして今なお、私自身は書くことが好きでもないし、得意でもありません。文章をお褒めいただくことがないわけではありませんが、苦手意識も、下手くそ意識も消えない。もっといい文章を書きたい。もっと伝わる文章が書きたい。そんなふうに思っています。

とてもではないですが、満足などできないし、これでいい、などとは思えない。このこともまた、仕事をしてくる上で大きな意味を持ったと思っています。

では、好きでもないし、得意でもないことを、なぜ仕事にしているのか。それは、書く仕事が、極めてありがたい仕事であることに気づけているからです。

滅多に会うことができないような人に、インタビューをする。なかなか行けない場所に取材に行くことができる。普段は見られないような、ビジネスの裏側を教えてもらう……。貴重な経験をさせてもらっているからこそ、もっと多くの人に知ってもらえたら、といつも思います。なぜなら、それが読者のベネフィットになるから。

もっといえば、できればみんなが幸せになれる仕事がしたい、と常に意識してきました。情報を出してくださる人も、受け取る人も、書き手の私も。みんながいい思いをする。若い世代の言葉でいえば、みんなが「ウイン」になる。

誰かを傷つけたり、追い詰めたり、嫌な思いをさせてしまうような仕事は絶対にしたくない。たとえ、社会的に意味があることだったとしても、です。文章は凶器だとは先にも書いたことですが、本当にそういうことができてしまうからです。

できれば、一人でも多くの人にポジティブになってほしい。幸せに近づいてほしい。こ

れからも、そんな仕事をしていきたいと思っています。なぜなら、文章を書く仕事は、それを可能にしてくれる仕事だからです。

これからも、多くの情報を、多くの人たちに届けていきたいと思っています。これこそが、私の最大の「書くモチベーション」です。

最後になりましたが、本書の制作にあたっては、筑摩書房の羽田雅美さんにお世話になりました。一緒に何かを作れないか、というご相談をいただき、打ち合わせの中で出てきたのが、本書の企画でした。同年代の方々に、あるいは諸先輩方に、ぜひ伝えたいことがあると思い、ぜひやりたいと思いました。企画にご賛同いただけたこと、改めて感謝いたします。

本書が少しでも、読者のみなさんのお役に立てることができたなら幸いです。

二〇一九年一月　上阪　徹

ちくま新書
1390

これなら書《か》ける！　大人《おとな》の文章講座《ぶんしょうこうざ》

二〇一九年二月一〇日　第一刷発行

著　者　上阪 徹（うえさか・とおる）
発行者　喜入冬子
発行所　株式会社 筑摩書房
東京都台東区蔵前二-五-三　郵便番号一一一-八七五五
電話番号〇三-五六八七-二六〇一（代表）
装幀者　間村俊一
印刷・製本　三松堂印刷 株式会社

ISBN978-4-480-07204-7 C0295

ちくま新書

1301 誰でもカンタン！「いい字」が書ける
——双雲流二〇の極意
武田双雲
上手でなくても「いい字」を書くことは誰にでもできる。ひらがな、漢字、それぞれのルーツと書き方の基本を知り、「いい字」の極意を学ぶ。著者のお手本満載。

1352 情報生産者になる
上野千鶴子
問いの立て方、データ収集、分析、アウトプットまで、新たな知を生産し発信するための方法を全部詰め込んだ一冊。学生はもちろん、すべての学びたい人たちへ。

1188 即効マネジメント
——部下をコントロールする黄金原則
海老原嗣生
自分の直感と経験だけで人を動かすのには限界がある。マネジメントの基礎理論を学べば、誰でもいい上司になれる。人事のプロが教える、やる気を持続させるコツ。

1189 恥をかかないスピーチ力
齋藤孝
自己紹介や、結婚式、送別会など人前で話す機会は意外と多い。そんな時のためのスピーチやコメントのコツと心構えを教えます。これさえ読んでいれば安心できる。

1197 やってはいけない！職場の作法
——コミュニケーション・マナーから考える
高城幸司
雑談力、社内ヒエラルキーへの対処、ツールの使い分け、会議の掟、お詫びの鉄則など、社内に溶け込み、存在感を示していくためのコミュニケーションの基本！

1305 ファンベース
——支持され、愛され、長く売れ続けるために
佐藤尚之
「ファンベース」とは、ファンを大切にし、ファンをベースにして、中長期的に売上や価値を上げていく考え方である。今、最も大切なマーケティングはこれだ！

1340 思考を鍛えるメモ力
齋藤孝
メモの習慣さえつければ、仕事の効率が上がるだけでなく思考が鍛えられる。基本のメモ力から、攻めのメモ力の技術、さらに大谷翔平等から学ぶ「鬼のメモ力」とは。